直觉5问

THE INTUITION TOOLKIT

关于情绪、本能、冲动、成瘾的新科学

[澳] 乔尔·皮尔逊（Joel Pearson） 著
萧楚天 译

中国出版集团
中译出版社

THE INTUITION TOOLKIT by JOEL PEARSON
Copyright © 2024 BY JOEL PEARSON
This edition arranged with The Marsh Agency Ltd & Wolf Literary Services, LLC through BIG APPLE AGENCY, LABUAN, MALAYSIA.
Simplified Chinese edition copyright:
2025 China Translation & Publishing House (CTPH)
All rights reserved.
著作权合同登记号：图字 01-2025-0200 号

图书在版编目（CIP）数据

直觉 5 问：关于情绪、本能、冲动、成瘾的新科学 /（澳）乔尔·皮尔逊著；萧楚天译 . -- 北京：中译出版社，2025. 7. -- ISBN 978-7-5001-8248-1

Ⅰ . B017

中国国家版本馆 CIP 数据核字第 2025EG5925 号

直觉 5 问：关于情绪、本能、冲动、成瘾的新科学
ZHIJUE 5 WEN: GUANYU QINGXU、BENNENG、CHONGDONG、CHENGYIN DE XIN KEXUE

著　　者：[澳] 乔尔·皮尔逊（Joel Pearson）
译　　者：萧楚天
策划编辑：刘　畅
责任编辑：刘　畅
营销编辑：赵　铎
封面设计：更　生

出版发行：中译出版社
地　　址：北京市丰台区右外西路 2 号院 3 号楼 10 层
电　　话：（010）68002494（编辑部）
邮　　编：100071
电子邮箱：book@ctph.com.cn
网　　址：http://www.ctph.com.cn

印　　刷：三河市国英印务有限公司
经　　销：新华书店
规　　格：880 mm×1230 mm　1/32
印　　张：5.75
字　　数：100 千字
版　　次：2025 年 7 月第 1 版
印　　次：2025 年 7 月第 1 次

ISBN 978-7-5001-8248-1　　　　　定价：69.00 元

版权所有　　侵权必究
中　译　出　版　社

目 录

引 言 001

直觉应用实录：空中避险 001

本书宗旨 006

直觉五则 008

01 背景

直觉的力量 013

感受无意识 013

盲侠：盲人如何"看见" 023

盲投 026

误直觉 032

测量直觉 039

起初的情形 039

情感植入 043

在实验室测量直觉：过程揭秘 051

02 直觉五则

S：自知之明

感到情绪化了？别依赖直觉 057

误把直觉当作爱 057

喧嚣掩盖直觉 062

焦虑和抑郁 064

如何发现自己太情绪化了 068

M：熟能生巧

先练功夫后行动：熟练对直觉至关重要 077

好莱坞速成魔法 077

为什么1万小时定律是错的 079

当狗吃到看不见的狗粮 081

熟练到什么程度才能生巧？ 084

时机的重要性 086

合理地最大化直觉练习 089

怎么知道你已经熟练了？ 095

目录

I：按兵不动
不要将冲动的欲望误认为直觉的洞察力......101

别把本能当直觉......101

暴饮暴食并非直觉......107

渴望、上瘾与直觉......109

失效的指南针：成瘾了就别用直觉......114

L：愿赌服输
别用直觉代替概率......119

令人恼火的综艺......119

对鲨鱼的恐惧不是直觉......125

怎样才能每次都赌赢......129

E：天时地利
仅在熟悉和可预测的环境中运用直觉......137

太空中的博尔特......137

水下的学习效率......140

在变幻的世界里运用直觉......144

直觉中的偏见......148

03 直觉实操

日常练习 153

最佳时机 164

直觉与天才 168

直觉与人工智能 170

展望 173

致　谢 175

引　言

☞ 直觉应用实录：空中避险

在一个晴朗的日子里，天空广袤深蓝，这种好天气似乎只有在澳大利亚才能遇到。这天，杰森舒适地坐在他的A-4天鹰战机的驾驶舱内，为即将开始的航空表演进行飞行练习。天鹰是款老旧机型，但仍不失为合格的战机：机动灵活，轰鸣震耳，全金属机身，可执行极端作战任务，是那种你通常只能在电影中见到的机型。他与另一名飞行员在悉尼南部瑙拉镇附近进行编队飞行。

杰森看起来干净利落、仪表堂堂，他对事物的定义和描述，以及他的行动都极其精准，有着军人惯有的严谨。喷气发动机的紧绷嘶吼对他来说是既熟悉又能带来几分安慰的声音。编队飞行时，后方飞行员，即此刻的杰森，必须全神贯注地跟随领队机，精确地复制其每一个动作：上升、下降、转弯或翻滚。这样一来，从地面看上去，两架飞机就在天空中做着完美的同步动作。

在这次飞行中，杰森和领队飞行员练习了几种机动飞行，包括一种叫作桶滚的动作。在桶滚时，飞机绕着自身轴线旋转，边飞边转，同时在空中画出大圈——有点像在巨大的桶内做螺旋运动。一切都进展顺利：两位飞行员之前休息充足，现在状态很好，天空晴朗无云，飞机的飞行表现也很完美。

接着，悲剧意外降临。就在两架飞机结束翻滚动作时，他们突然意识到飞得离地面太近了。领队飞行员发出了紧急呼叫："拉起，拉起！"

但杰森发现，实际上早在领队飞行员发出紧急呼叫之前，他就已经拉回了飞机的操纵杆。要知道，按照编队飞行的要求，杰森应该等待领队机先做出动作，然后跟着做。然而，他做的却正相反，而且他自己也不知道是怎么回事：他的身体在领队飞行员发出呼叫之前，甚至在他自己完全理解情况之前，就已经开始做出反应了。

飞机的数据后来证实，杰森确实在紧急呼叫前就开始抬升飞机。悲剧的是，领队飞行员未能及时做出反应，他的飞机坠毁，他在撞击中丧生。

在这一场景中，杰森的预知反应令人惊叹，尤其是在他正进行编队飞行的情况下。飞行员从一开始就被教导要使用仪器，不依赖感觉、身体感受或眼见的机外景象。有许多关于飞行员在云层中颠倒飞行的故事：他们不相信仪器的指示，根据自己不准确的感官信息不断调整飞机，直到上下完全颠倒。

或许正是因为杰森大量的训练和10年驾驶战机的经验，在那次练习中，经他大脑处理的所有感官线索，有意识的也好，无意识的也罢，使他得出了结论：情况不对劲。他的大脑指导他采取行动，无须有意识地思考整个过程。他响应了大脑的行动指令，挽救了自己和他的飞机。

从动作结束到领队飞行员遭遇撞击之间的关键几秒或几毫秒内，杰森的大脑处理了所有实时的感官信息。这些信息过于丰富和迅速，无法完全浮现到他的意识层面上。随后，基于数千小时在类似情境中的经验，这些信息在他的大脑中触发了负面联想。这种负面感觉立刻在杰森的运动皮质中转化为动作信号，他拉回了操纵杆，恰好及时使飞机头部抬起。

这就是直觉在行动。虽然飞行员接受的训练是依赖飞机的仪器和只专注于领队机，面对种种不利条件，杰森的大脑却能洞察周遭的一切变化，并在无意识中处理着来自所有感官的大量信息，迅速分析数据，发现情况不妥就当机立断，让他的手拉回操纵杆。

杰森的经历生动诠释了我对直觉的理解：直觉，就是通过练习，学会巧妙地运用无意识信息，从而优化我们的决策和行动。杰森的大脑实时处理着汹涌而来的信息流，多次飞行经验使得这些信息已经和具体的正面或负面结果挂钩。这些深层的联系化作阵阵短暂的感觉——直觉的预感，迅速驱使杰森采取了关键行动，果断拉起了油门。

杰森的故事概括了本书的主旨。本书致力于揭示我们内心的一种独特的能力，即如何挖掘通常隐藏于意识之外的潜在信息，并提出一套全新且全面的理论和实操指南，旨在让每个人都能洞悉直觉的奥秘，并学会安全地运用这种能力。

那么，怎样将一位飞行员在生死关头靠直觉化险为夷的故事，与我们这些普通人联系起来呢？毕竟，我们更多的是希望在日常生活中努力提升决策能力。直觉在众多生死存亡的关键时刻展现了其救命的力量，而背后的原理，也同样适用于日常选择，无论是挑选中午就餐的咖啡厅，决定是否信任刚认识的人，还是决定是否赴第二次约会。当你作为父母察觉到孩子有所异样，或者在运动、驾驶、工作以及生活中无数需要快速决策和反应的场合，直觉的作用同样重要。来自五种主要感官的无意识信息非常丰富，却经常被忽视，我们每个人都有机会挖掘它们。通过适当的训练，这些宝贵的潜在信息资源能够帮助我们做出更明智的决策并采取行动。

引 言

我们都听过"跟着你的直觉走"这句话。在别人遇到选择困难时,我们可能会问:"你的直觉怎么说?"有时我们就凭直觉采取行动,并没有对周遭环境深思熟虑。关于直觉过程的这些不同层面,本书将深入探讨,并剖析当我们依靠直觉做决定或采取行动时,大脑内部究竟发生了什么。本书将神经科学和心理学的复杂理论简化,旨在揭开直觉的神秘面纱,并提供一个安全可靠的日常决策指南,内容包括五条简单的准则。

在过去的十年里,我一直致力于研究人类的直觉,并且我的实验室率先开发出了量化直觉的科学测试。在此之前,对于直觉是否真实存在,或者该如何定义,科学家一直莫衷一是。而现在,我致力于将这门关于直觉的新科学传播到世界各地,让它能够产生巨大的变革性影响。

很多人已经在运用直觉了,甚至在生活中经常用到。对直觉的使用,部分是出于本能——有时候我们会突然静下心来,倾听身体的感受以做出决定。很多人甚至变得过于依赖直觉,尤其是在决策过程中。但重要的是,正如本书将展示的,误用直觉的情况确实存在。那么,如何确定我们正确地运用了直觉?如何确保那些看似凭直觉做出的决策和行动,不是建立在具有误导性的错误认知或偏见之上呢?

由于直觉科学的许多部分尚属新领域，或是被冠以其他名称，现有的信息往往缺乏科学验证。直觉甚至被纳入玄奥的身心疗愈和灵性领域，有时还被当作科学之外的神奇第六感。在本书中，我梳理了所有关于直觉、意识、学习和决策的最新科学成果，并将其转化为五条科学准则，指导我们安全且明智地运用直觉。

我们的大脑不知不觉地收集并储存了来自周遭世界的海量数据，这些数据大多处于无意识中。直觉的五大准则使我们能够发掘这一庞大的信息库，为我们取得明显的优势，让我们能够做出更好、更快、更自信的决策，无论是在会议室还是运动场，无论是作为飞行员还是忙碌的父母，无论是复杂的人生抉择还是简单的日常选择。但我们也需要知道，许多情况下我们不应该依赖直觉，本书详细说明了如何识别这些情况。我采用的立足科学的方法将直觉当作普遍存在的现象来研究，通过鲜活的真实故事建立起一套基于证据的实践方法。

☞ 本书宗旨

本书的宗旨不在于教科书式地探究和罗列有关直觉的知识，而是将直觉的科学原理提炼为简单实用的准则。这些准则易于遵循,并且能够改善决策。我运用了我在实验室获取的一手资料,同时也借鉴了其他学科和相关领域众多学者的研究成果,帮助读者学会在恰当的时候安全地运用直觉。

直觉科学尚处于起步阶段,待发现的内容远远超过已知的。然而,这并不妨碍我们应用已有的知识。

直觉是有益的还是有害的,心理学家对此争论不休。确实,在众多图书和科学文献中,我们不难找到直觉误人的糟糕案例,但正如我们接下来会发现的,这些实际上是我所谓的"误直觉"导致的悲剧。直觉挽救生命的故事也有很多。事实上,一旦理解了人类大脑和心智的运作方式,任何笼统的说法——"直觉好"或"直觉坏"——都不够准确,也不适用。如果你清楚什么时候应该运用直觉,什么时候不应该,就能够降低潜在的负面影响,规避失误的风险,同时最大限度地发挥直觉的优势。

本书对直觉的定义是,通过练习,学会巧妙地运用无意识信息,从而优化我们的决策和行动。比如在今天的商业环境中,大多数领导者必须在只有少量明确信息的情况下迅速做决定,这时候直觉决策就发挥着关键作用。如今变革的步伐确实比以往任何时候都快,不确定性日益加剧,因此在商业领域对直觉的依赖只会与日俱增。但问题在于,有多少领导者敢大方地承认他们靠直觉行事?他们当中又有多少人会告诉员工、董事会或公众，他们是依据直觉做出了重大决策的？我希望通过传播直觉科学的知识，让所有运用直觉的人，即使处于决策的最高层，也能更自在地讨论直觉。

直觉科学的确立，能够帮助人们理解并发掘一种真实、可衡量的人类能力，它是大脑的非凡天赋。直觉可以用我们从神经科学和心理学中已知的现象来解释。我们不需要引入超感官的概念，或集体智慧和集体无意识，更不用说任何涉及魔法或灵魂层面的东西。直觉是真实的，可以用科学来解释。

☞ 直觉五则

本书借鉴了心理学和神经科学多年来的广泛研究，总结出了一套框架，帮助读者理解并安全地运用直觉。为了便于记忆，我用"SMILE"这一简洁的首字母缩写来归纳这些准则。

S（Self-awareness）：自知之明（感到情绪化了？别依赖直觉）

M（Mastery）：熟能生巧（先练功夫后行动：熟练对直觉至关重要）

I（Impulses and addiction）：按兵不动（不要将冲动

的欲望误认为直觉的洞察力）

L（Low probability）：愿赌服输（避免用直觉来做概率性判断）

E（Environment）：天时地利（仅在熟悉和可预测的环境中运用直觉）

在本书中，以上每一条都有科学依据，并附有说明，结合了在真实世界中影响深远的运用直觉的案例。你将了解：一位直觉敏锐的登山者的故事，一档游戏节目如何利用我们对概率的本能误解来操纵奖项设置，电影《盗梦空间》如何启发我的实验室在直觉科学上取得突破，为什么你不应该在第一次约会的时候去攀岩，以及尤塞恩·博尔特在低重力环境中赛跑会发生什么。

你将了解自我觉察的重要性，明白为什么在情绪化的时候不应依赖直觉，以及为什么你需要先在某个领域有所积累，才能相信直觉在其中的作用。直觉能够通过学习获得，而且你需要针对生活中的各个方面不断加以训练和完善。

想想你上次根据直觉做出决策的时候，你有没有考虑自己的情绪状态？你以前有没有经历过相似的情形？是否有原始的大脑冲动，比如渴望或上瘾，把你带偏了？或者你是否因为考虑了太多可能性和各种概率因素而最终做出了错误的选择？你有没有确保自己处于一个熟悉的环境中？换句话说，你是否有能力调用大脑无意识的隐藏力量来做出最佳决定？如果没有，那么这本书将教你如何做到。但首先，我们需要更深入地了解直觉的力量，它为什么是真实存在的，以及新的测量它的科学手段。

01

背景

直觉的力量

☞ 感受无意识

乔恩·缪尔是一个有着不可思议的热情、坚韧不拔的毅力和独一无二的探险经历的人。他1961年出生在澳大利亚沿海城镇伍伦贡附近,年仅14岁就因一部关于珠穆朗玛峰(以下简称"珠峰")的纪录片而彻底改变了人生轨迹。自那时起,他便与高山结下了不解之缘,坚信自己的宿命就在山间。乔恩曾多次在划单人皮艇、攀岩或徒步沙漠时,依靠本能的决定而化险为夷。他说:"在极限探险中,生死的区别往往就在于直觉决策。"

青少年时期,乔恩便开始接受专业攀岩训练,悉尼南部的伊拉瓦拉地标性悬崖就是他的训练场。对冒险的向往驱使他做出了大胆的决定——辍学，全身心地追逐梦想。自那以后，他走遍世界各地，攀登过无数高峰，并在1988年成为首位不依赖夏尔巴向导从南坡登顶珠峰的人。他曾靠皮艇穿越海洋，徒步到达北极，甚至孤身穿越大洋洲大陆，创造了无数世界纪录。

我见到他的那天，乔恩看起来并不像个典型的冒险家。他没有身着高科技的极限户外装备，而是穿着背心、苏格兰短裙和巨大的徒步靴，他的胡须下，层层皮革项链串着形形色色的动物牙齿，其种类之多，堪比挪亚方舟上的物种。一谈到冒险他就双眼放光，显得生机勃勃，透着对未知的渴望，而他的声音真挚，未加修饰，保留了他个人的谈话风格。我们主要讨论了他和他的团队1984年试图登顶珠峰的经历。

"那时候，登顶不是有钱就能做到的。"他笑着说。当时，人类登顶珠峰的次数还不足100，每一次尝试都是严肃的挑战。这需要经年累月的筹备，包括前期准备、前往目的地的旅程和专注投入，这些大量的付出都让最终攀至顶峰的那一天压力倍增。

那个清晨，5名队员开始了他们的登顶征程；只有一人因疲惫过度而留在营地。拂晓时分，四周仍一片漆黑，寒冷刺骨。大风沿着这座世上最著名的山峰的轮廓呼啸而过。团队在西脊线大约8000米的高度扎营过夜——如果那仅仅几小

01 背景

时的休息能算作"过夜"的话——而那片区域之前也只被攀登过一两次。

这跟你如今在网飞或探索频道上看到的不同,当时没有大队的夏尔巴人携带所有行囊、绳索、梯子和氧气罐,也没有安全员全程注意攀登者的身体状况。1984 年的时候,这些一概没有。没有高科技服装,没有高科技食用能量胶,只有 6 个人在凌晨刺骨的寒冷和黑暗中收拾帐篷。

5 人缓步攀登陡峭的沟壑,风如刀割,刮向山顶,风速达到每小时 100 英里①,他们最初被地形保护,不受肆虐的寒风侵袭。然而,乔恩整个上午都在担忧这股风。他明白,如果风速下降,他们就能平安无事,抵达顶峰;反之,则可能陷入困境。

在探险者社群中,乔恩以其"铁胃"而闻名。无论是在印度还是泰国的街头小摊上吃小吃,他都未曾感到不适——没有什么能让他的胃出问题。但在这个特殊的早晨,他感到胃部异常沉重。那是一种奇怪的感觉,仿佛胃在下沉,拖累着他。他把那种感觉形容为"不安"。

最初,他并不清楚是什么引起了那种感觉。随着他在山上每迈出一小步,这种感觉逐渐加剧,它开始变得像是内心

---

① 1 英里 ≈1.61 千米。——编者注

有个细微的声音在告诫他,情况可能不妙。当时是夏末,也意味着珠峰登山季的尾声,因为冬季太冷不适宜攀登,这是他们当年唯一的机会了。现在退缩,就意味着全年的努力都将付诸东流。在这样的高度,空气稀薄,含氧量低得危险,这可能会让人判断力下降。"当时我们全部的动力都在推着我们向上、向上、向上。"乔恩说。

就在那时,乔恩在山上猛然停住,一动不动。他对队员说:"这不对劲,非常不对劲,不能继续了。上面的风太大,如果上去,我们轻则被冻伤,重则会被风刮下山去!"

其他人停下脚步,满脸震惊,乔恩居然会说出这样的话,他们感到被冒犯了。他们站在沟壑的顶端,那正是临界点,再往上,他们就将失去保护,暴露在风中,而且无法回头。乔恩遵循内心直觉的指引,他称之为灵魂深处的声音,然后坚定地说:"就这样吧,我要往回走了。"

经过片刻思考,有两个人决定跟他一起回去,而另外两个人说:"不,我们要完成这件事,我们要上去。"

几个小时后,当乔恩和另外两人小心翼翼地下山时,那两个继续向上的人从冰天雪地的山间滚落下来,几乎撞到了乔恩和另一人。"他们差点撞上我们。"乔恩难过地说。那两个人摔死了。乔恩沉默了一会儿,然后说:"我以为他们顶多会冻伤,没想到他们掉了下去。"

01 背景

在这次以及其他生死攸关的场合,乔恩脑海中突然萌生的退回去的想法,并非无中生有,而总是始于一种感觉。那是一种下沉的感觉,肚子里的沉重或不安,有时是恶心,但始终带着一种感觉、一种感受,而不是一个理智的想法或概念。

请记住,直觉意味着巧妙地运用无意识信息,从而优化我们的决策和行动。但是,你的决策如何接通你的无意识呢?

以乔恩的例子来说,他的大脑处理了大量关于风、温度、团队的感受以及无数其他事物的信息——所有这些宝贵信息都在无意识中被处理,而乔恩并不知情。他的大脑积累了之前数百次的攀登经验,知道了特定的数据模式往往会导致特定的结果。对于他的感官当前正在处理的信息所形成的模式,他的大脑曾经将其与负面结果联系起来。当他发现风如何从山脊上吹过,或许还有雪如何在风中形成,云如何移动,以及山上的许多其他微观模式,这些信息触发了负面的联想。这些联想又引发了负面的感觉,那种在内心啃噬的不祥预兆和肚子里下沉的感觉。这些感觉最终影响到了他的决策。

关键在于,你如何接通这类信息。我们知道两种主要方式来接触和使用无意识信息。一种是感受它,就像乔恩在山上经历的那样,这是直觉的经典定义,即所谓的"直觉预感"。另一种是让你的身体直接采取行动,一个物理动作,比如向左跑、向右跑、传球,或是拉起天鹰喷气式战机的油门。你的身体动作可以直接接触到你的某些无意识。

人们常说,在直觉驱使下做出决定时,他们能在肚子里、在胸中或全身,感觉到某种东西。关键在于,这种感觉影响了他们的决策。

但是,我们怎样才能感受到无意识信息在身体中产生的效应呢?

你可能听说过直觉有时被称作"第六感",但实际上我们有八种感官系统。除了我们都熟悉的五种——视觉、听觉、嗅觉、触觉和味觉——还有本体感觉(意识到身体部位位置的感觉)、前庭感觉(平衡和移动的感觉)以及内感受,即我们对身体内部状况的感知。

内感受,常被视为第八感官系统,它是提醒我们是否饥饿、紧张、生病、口渴、需要上厕所或其他任何类型的内在感受。内感受提供了实时动态映射,展现了我们身体的内部状态,涵盖了有意识与无意识层面。但它的功能不止于此,不仅是告诉我们什么时候该吃东西、喝水或上厕所。

在经历了分手或失去亲人之后,人们常说自己心碎了。受惊之后,他们常说心漏跳了一拍。紧张时,人们会说像有人在肚子里打鼓。语言经常这样将身体感受与情感相连。长期以来,我们习惯了在字面上用身体来谈论情感,把情感描述得像是一种身体里的东西。这就是所谓的具身化,或者说具身情感。当我们感受到某种情感时,甚至在真正感受到之前,一系列身体变化就已经开始了:心跳加快、血压升高、开始出汗、呼吸变化、肌肉紧张或放松。

这些事件的确切顺序——是身体的变化先发生,还是基于大脑的情感先发生——是个有争议的话题。但数据确实表明,身体感受或内感受与我们的情感体验密切相关。

关于情感与感受之间的区别,并没有一个公认的界定,这些术语在不同情境下的用法也有所不同。就本书的语境而言,我想指出的是,情感是由多种因素构成的,包括我们的经历,也包括我们的行为和生理反应。这些因素结合在一起,形成了我们面对世界各种情境时生动、多层次的反应。

感受,与情感相比,可以视作我们对情感的有意识体验。感受不局限于情感本身,还包含更广泛的范畴,让我们能够感知到超出常规情绪框架的种种感觉,比如冬天刺骨的寒冷,或是忙碌了一天之后沉重的疲惫感。

在 1994 年出版的《笛卡儿的错误》一书中,神经科学家安东尼奥·达马西奥讲述了一个名叫埃利奥特的病人的故事,埃利奥特在接受切除脑瘤的手术之后,表现出了一些非常奇怪且引人深思的行为变化。他的情感反应变得异常平淡,不再像手术前那样能够展现丰富的情感。在面临决策时，他会没完没了地分析每一个选择，从理性和逻辑的角度分析利弊。达马西奥描述了他询问埃利奥特的情景："你今晚想去哪家餐厅？"埃利奥特回答："我们可以去那家餐厅，但我听说那里最近比较冷清，可能不太好。不过，如果人少的话，我们肯定能订到位子，那我们就去那里吧。"就这样，他对每个选项的利弊进行了无休止的权衡。由于缺少对不同选择的直观情感反应，埃利奥特很难确定自己的真实意愿。

基于这样的个案研究及其他实验，达马西奥提出了一个极富启发性的理论，他称之为"躯体标记假说"。所谓"躯体"，指的是与身体相关的事物，因此达马西奥提到的是一种基于身体感觉的标记机制。他认为，我们依据基于身体的情感为决策过程中的各种选项打上标记。如果没有情感来指引我们辨别选项的优劣，我们在面对相似选择时都将难以做出判断。正如埃利奥特的例子所示，我们可能会被困在一个不断比较利弊的循环中无法自拔。

达马西奥阐述的"躯体标记"概念可以用来辅助决策，而且与直觉高度相似。然而，直觉的关键在于它使用了大脑通过身体内感受所获取的无意识信息。此外，这些无意识信息是我们学习的成果，是通过不断接触环境并经历各种结果而积累起来的。因此，直觉并非简单地用情感标注某个反应，而是汲取了多年无意识学习的精华。

当我们进入科学与情感交汇的世界,有些现象令人着迷,而事情也开始变得格外有趣。无数实验,包括我自己实验室的,都揭示了一个无可辩驳的真理:科学家在受试者没有意识到的情况下施加情绪刺激,虽然受试者在意识层面上没有注意到这些刺激,但他们的身体还是会做出反应。我们可以通过各种方法让图像在不进入意识的状态下被大脑处理,而让图像逃避我们的意识觉察,并非只是简单地不让它出现在视野中。

我们能够在展示图像的同时,运用许多神经科学技术使受试者意识不到图像,但他们的大脑仍会在无意识中处理这些图像。在接下来的章节中,我们将利用在实验室中发展出来的技术,更加具体和深入地探讨无意识感知。例如,我们可以准备一张可怕的图片,比如漏斗网蜘蛛,然后巧妙地进行处理,让你在它的面前也意识不到它。

而事情由此变得更加有趣了:尽管你从未意识到那只蜘蛛,因为我们让它无法被你的意识察觉,但我们还是能通过检测你的大脑活动,观察你的情感区域在无意识状态下是如何响应的。我们可以在你的手指上放置一对微小的电极,以追踪你细微的出汗情况。当你的大脑在处理潜在威胁,即那只蜘蛛时,你会出汗更多。这凸显了一个事实:我们的身体对情感刺激是非常敏感的，即使我们在意识层面上没有察觉这些刺激。在接下来的章节里，你将直接了解到我们如何在实验室中实现这一点，以及如何测量直觉反应。

所以，内感受是你接收无意识信息的主要途径之一。你的身体会做出反应，哪怕你自己并不知情。你的内脏和其他身体部位对无意识信号做出反应，而内感受能够捕捉这些信号。

在直觉与有意识思考的协作中，无意识往往起着引导作用。想象你刚在餐馆坐下，突然有一种微妙的不安爬上心头。注意到这种感觉可能帮你避免一些不愉快的结果，而忽略它——我们都有可能这样做过——可能会导致不好的后果，比如肚子不舒服或更糟的情况。

在这个例子中，我们的意识并没有积极地评估情况。相反，就像乔恩在山顶的经历那样，我们的大脑迅速、无意识地处理周围环境中的各种线索：气味、脏乱的桌布、餐厅的氛围、温度、服务人员的举止，以及许多其他微妙的因素。在短短几秒钟内，大量信息被大脑吸收，触发了联想，我们的内感受系统迅速反应，将这些信号转换成直觉预感。

这一了不起的成就，这种微妙而强大的力量，证实了人类大脑的非凡能力，这也正是我们通常所说的直觉。

值得指出的是，内感受、情感和直觉之间的联系与肠道在认知中的作用是不同的。虽然肠道微生物群产生的神经递质确实会影响我们的心理健康和认知功能，但这并不是科学家所讨论的直觉预感。我们之所以能够在身体中感受到直觉，是因为内感受的作用，而非微生物群的影响。

☞ 盲侠：盲人如何"看见"

一个60多岁的男人——我们就叫他汤姆吧——自信而稳健地沿着走廊行走。他身着休闲的短袖纽扣衬衫，后面紧跟着一位男士，穿着看似更正式的长袖衬衫和深色裤子。这条走廊看起来有些年头了，甚至还留有一个小水槽和一个灭火器，就像你在未翻新的比较老的大学或旧医院中见到的那样。

走廊上有意摆放着两个垃圾桶、一个相机三脚架、一盒打印纸、一个桌面收件箱和一个纸板箱，它们排列得就像某个室内障碍课程的场地。每个物体都被巧妙地放置在走廊的中央或稍偏一侧，使得穿过走廊的人几乎无法直线通过。那位穿着看似更正式的男士在后方，小心地观察着汤姆的每一个动作。

当他们靠近第一个障碍物——一个垃圾桶时，汤姆轻松地调整腰身，双脚一前一后，然后贴着墙壁侧步行走。他毫不费力地绕过了第一个垃圾桶，然后是第二个。就在他好像要直接碰上相机三脚架时，他试探着向另一个方向转动，向右走，成功地避开了它。接着，他小心翼翼地绕过复印纸，然后再次扭转身体，向左侧移动，巧妙地避开了纸板箱，重新调整了方向，继续稳步走完了剩下的走廊。

对观察者而言，这只是寻常的一幕，看起来再正常不过了。但实际上，汤姆完全失去了视力。临床上他被诊断为盲人，所有标准视力测试都没通过。脑部扫描显示，由于两次中风，而且两次时间间隔不久，他的视觉皮质——位于头骨后部尖端下方的大脑区域——被完全破坏。像许多盲人一样，他通常依靠手杖行走，需要有视力的人帮助引导。其实，紧随其后的那位男士，正是在进行一项研究实验，测试盲人的导航能力，并在必要时为汤姆提供帮助，防止他跌倒。

汤姆能够成功穿越充满障碍的走廊，确实令人惊叹。一个盲人如何能够做到不被障碍物绊倒呢？这正是所谓的"盲视"现象：对于视觉运动和物体，人们能够在没有意识到它们的情况下，对它们做出反应。

汤姆之所以失明，并不是因为中风对他的眼睛造成了损害——他的眼睛其实完好无损。汤姆的失明属于皮质盲，原因在于大脑受到了损伤。这里有个非常有趣的地方：虽然汤姆遭受了中风，他大脑中未受损害的其他部分却在无意识中以某种方式处理着来自眼睛的信息。汤姆并非依赖声音导航、回声定位或其他已知方法,而是直接通过眼睛接收视觉信息。他的大脑中存有关于地面障碍物的信息,只是他本人并不知情。值得注意的是,即便这些信息处于无意识状态,汤姆仍能利用它们辅助导航,这是无意识大脑信息影响行为、转化为行动的生动范例。

在其他实验中,汤姆能以远超随机猜测的准确率区分快乐与愤怒的面部表情,但他无法识别仅有中性表情的面孔,也不能区别黑白方块的图片。进行这项研究的科学家发现,尽管汤姆看不见这些表情,但当展示给他情绪化的面孔时,他大脑深处的杏仁核(一块经常被称为"蜥蜴脑"的小块组织,因其能够自动对情绪等刺激做出反应)却是活跃的。这些无意识信息通过非常规路径从眼睛传达到了他大脑的情绪处理区,绕过了产生视觉意识的视觉皮质。因此,这些信息是无意识的。汤姆虽然什么也看不见,但他能感知并根据大脑中的无意识信息进行反应和行动。

多年来,我们发现了越来越多的盲视案例,这些案例有力地证明了人们能够在不自觉的状态下利用大脑中的信息。这些无意识信息并非被封闭在大脑的"地牢"里无法被触及;相反,它们不断地渗透影响我们的有意识行为、情绪和决策。盲视的例子深化了我们对直觉的理解——直觉其实就是大脑利用自身的网络，让无意识信息流动到感受和行动中去。恰当地运用这些信息，可以让我们比那些不重视这些信息的人更有优势。

汤姆之所以能顺利穿过走廊，可以说准确体现了直觉的运用。他的大脑储存着这些无意识信息，而且他已经学会了如何解读并利用这些信息来为自己导航。面对快乐或愤怒的面孔时，他同样能够依靠这些无意识信息做出判断。

虽然盲视案例的背后是悲剧，但它们也彰显了直觉的强大力量。关键在于学会在何时以及哪些情境下可以信赖你的直觉，并通过不断地练习来熟练使用它。

☞ 盲投

想象这样一个情景：你盯着手中的咖啡杯，但看不见杯子本身，眼前只是由不同颜色、垂直线条、边角、弧线，以及一些纹理胡乱堆叠而成的东西。这些视觉元素散乱无章，无法拼凑成一个完整的物体，所以你看不到那个杯子。当你望向桌上的一个苹果，你只看到一个你以为应该是苹果的东西，但同样，你无法辨认出其形状。你所看到的，只是一堆混杂的线条和颜色，像一幅毕加索的立体主义绘画。这就好

01 背景

比一个小孩将你眼中的苹果画下来，然后用剪刀剪碎，再打乱这些碎片，最后重新粘在一起，做成一幅拼贴画。苹果的所有元素都在那里，只是这些元素都错位了。这正是视觉形状失认症患者在观察物体时的体验。

视觉形状失认症缘于大脑的一个特定区域受损，这个区域负责将视觉的各个元素组合起来，形成我们每天所看到的具有连贯性的物体。

贾丝明的案例生动展示了视觉形状失认症的特征。她是一位年轻女性，因为一场意外而患上这种病症。那段时间，她和丈夫正在翻修他们的家。如果你有过装修经历，就会知道这会带来多少混乱。一天早上，她早早起来洗澡，但浴室的装修还没有弄完。窗户关着，通风扇也还没完全装好，浴室很快就充满了水蒸气。而在淋浴帘后，被水蒸气遮住的是一台仍在使用的旧式燃气热水器，这种热水器安装在浴室内部，而不是外墙上。

贾丝明尽情享受着热水澡，丝毫没意识到浴室里除了水蒸气，还有越来越多的一氧化碳。旧热水器要燃烧天然气给水加热，这个过程会释放一氧化碳。而一氧化碳是一种无色、无味的气体，人们很难意识到自己是否吸入了它。贾丝明没有察觉到任何异常，但这种气体是有毒的。

一氧化碳中毒的初始症状通常类似流感，贾丝明开始感到轻微头晕，接着感觉到周围的事物开始旋转，类似眩晕。她心跳加快，发现自己呼吸困难。她胸部的肌肉突然紧缩，导致她难以呼吸，紧接着，她就失去了意识。

贾丝明在医院苏醒，距离她在浴室晕倒并陷入昏迷已经有一段时间了。她非常幸运，没有丧命。当她从昏迷中醒来时，她感到身体状况良好——生命体征稳定。然而，她发现自己的视力出现了问题，无法清晰地看见物体。

确定她能够接受测试后，医生开始检查贾丝明因一氧化碳中毒可能造成的神经损伤。很快，他们发现贾丝明有严重的视觉问题。之后，她被诊断出患有视觉形状失认症。她看到的物体像乱成一团的立体主义拼贴画。进一步的测试和脑部扫描显示，贾丝明大脑两侧的侧枕叶区域都受到了损伤。这是大脑中位于头部后侧尖端周围的部分，它们对感知物体非常重要。这些区域将视觉的不同元素黏合在一起，而贾丝明失去了这些区域的大量脑组织。

关于这类脑损伤的一个好消息是，它们变得越来越少见了。得益于技术的进步，燃气热水器变得更加安全，同时安全系统也得到了改善，因此，新出现的视觉形状失认症以及其他由脑损伤引起的选择性障碍病例正在逐渐减少。这意味着，像贾丝明这样愿意参与心理实验的患者变得稀少。她被邀请飞往世界各地，入住安排好的酒店，去不同的研究实验室参与实验。

在加拿大一个大学研究实验室的一次测试中,一位认知神经科学家在贾丝明面前拿着一支铅笔,慢慢地旋转到不同的方向,并让她画出铅笔的朝向。尽管这支铅笔要么是垂直要么是水平放置的,贾丝明画出的却像是一个带有尖刺的星星,线条朝向各个方向。她无法判断铅笔的朝向,只是在猜。

随着实验的进行,贾丝明对铅笔产生了好奇。她说了句"让我看看那个",然后伸出右手从研究员那里抓起铅笔。当她这样做时,她的手精确地旋转到了铅笔的朝向,并轻松地抓住了它。

研究人员感到震惊。她看到的只是一团胡乱拼贴的视觉元素,却能如此轻松地抓住铅笔,她是怎么做到的呢?研究人员拿回铅笔,将其倾斜到不同的方向,然后让她再次伸手去抓。当她抬起手时,他们惊讶地看到,她的手再次精确地旋转到了铅笔的朝向。她再次轻松地抓住了那支铅笔,手腕完美地倾斜,手指张开到铅笔的宽度,刚刚好能把它拿起来。

不要忘了,当要求她画出铅笔的方向时,贾丝明只能靠猜。但不知怎的,当她伸手去抓铅笔时,或者说当她用身体做出动作时,她或她的手臂似乎接收到了有关铅笔方向的信息。看起来,她并不是用那些混乱的视觉信息去抓铅笔,而是利用了别的什么。

在一个更正式的后续实验中，研究人员不再举着一支铅笔距贾丝明一臂之遥，而是使用了一个他们自己制作的信箱模型。它有一个狭长的矩形开口，与家用信箱上的开口没什么两样，但它被放置在一个旋转装置上。这样一来，研究人员就可以转动信箱，调整它的开口朝向。实验的第一步，他们要求贾丝明画出信箱开口的朝向，就像她之前面对铅笔所做的那样。她每次画好后，他们就会将箱子旋转到另一个方向，然后再次询问她。类似的情况出现了，她画的线条到处都是，方向各异。她好像又在猜。

在实验的第二部分，研究人员给了贾丝明一个信封，并让她投入信箱。她毫不犹豫地拿起信封，直接投入信箱开口，一次都没有碰到边。

然后研究人员又将信箱旋转到一个不同的方向，贾丝明再次轻松地投递了信件。当她无法辨别或画出信箱开口的朝向时，她是怎么做到投递信件的呢？

这个实验生动地展示了我们的视觉和运动系统如何利用截然不同的信息。关于铅笔的方向和信箱开口朝向的信息存在于贾丝明的大脑中，但那是无意识的。她自己并不知道。她看到的只是混乱的颜色和错位的线条。当她尝试画出或描述信箱开口的方向时，她无法有意识地获取具体的方位信息，然而当她伸手投信时,她的手臂和手却能够准确无误地抓取到信息,找到正确的位置。无意识信息自动融入了她的行动,并指导着她的行为。

我将这种能力称为"盲动",这个术语与"盲视"相得益彰。这是大脑利用无意识信息的又一个惊人范例。贾丝明的案例再次证明了直觉在行动中的作用。下次当你参加体育运动或者做其他身体活动时,想想那些无意识信息是如何融入你的行动中的。例如,你的大脑里是否已经有关于球的位置的信息,而你还没有意识到?当你准备踢球时,你的腿和脚(实际上是你的大脑)能否利用这些信息更好地引导你踢球呢?

盲视与盲动展现了我们大脑中的无意识信息如何影响我们的决策和行为。当我们想要直接接收这些信息时,我们反而无法触及它们。汤姆在走廊中什么也没看见,贾丝明眼中的铅笔和信箱只是杂乱的色块和线条。乔恩并没有清晰地意识到那天早上那座山太危险,他只是感到了某种不安。在某些条件下,无意识信息会渗透出来,而我们能够通过某种感觉或行动接收到。这些动态过程形成了直觉的基础。直觉是可以通过学习获得的,你也可以像杰森、乔恩、汤姆和贾丝明一样:汲取大脑中的无意识信息,利用它们做出更好的决策和行动。

盲视和盲动为我们打开了一扇神秘之门，透视直觉的本质及其在不断实践中所展现的潜能，我们能够感知身体内部的无意识信息，不论其来自腹部、胸中还是指尖，这种感知被称作内感受。那些挥之不去的直觉、初见某人时难以言表的不安，或在特定情境下腹部的下坠感，如果遵循本书提出的 SMILE 五大准则，便具有对当下事件宝贵的洞察力。

直觉，是无意识信息与意识决策结合的产物，通过经验的淬炼而成。它不仅能够引导我们做出更好的选择，还能让我们更深刻地理解那些塑造我们生活的隐性力量。拥抱这种双重性，我们就会发现自己在汲取意识之下的智慧之泉。

☞ 误直觉

软件团队已经为这次展示连轴转了三周。他们制作了精美的模型，一页又一页的资料看起来光鲜亮丽、无懈可击。超大的打印稿架在会议室的三脚架上。大家明显很紧张——手指不自觉地乱动，屁股在座位上挪来挪去，因喉咙莫名干渴而频繁喝水。软件团队的迈克·伊万杰利斯特站起身，最后一次检查所有的模型、截图、菜单选项和成堆的文件，一切都井然有序、准备就绪。是的，一切都准备好了，

01 背景

没有别的需要做了。

会议室的玻璃门被突然推开，史蒂夫·乔布斯自信地走了进来。他环顾房间一周，瞬间知晓了每个人和每件事。然后，他神态自若、充满自信地走向一块空白的白板，拿起一支马克笔。他没有看房间里陈列的任何模型，也没有提任何关于原型的问题。他没有解释，没有跟任何人核对，就在白板上画了一个大矩形。

"这就是新应用，"他说，"它有一个窗口。你把视频拖到窗口里，然后点击刻录按钮。就这样。这就是我们要做的。"

迈克·伊万杰利斯特和软件团队的其他成员都惊呆了。这不是行业内其他地方制定产品决策的方式。产品设计怎么能仅凭一个人的想法、一个人的感觉来决定什么方案行得通呢？如果他的直觉是错的怎么办？

产品设计通常由团队提出一个初步的原型，然后进行焦点小组或以用户为中心的测试和输入。这些小组讨论不同设计选择的利弊，并提出建议，然后可能还会进行更多的用户测试。但这里不一样，史蒂夫·乔布斯的苹果公司不一样。乔布斯以这段话闻名："有人说'顾客想要什么，就提供什么'，但那不是我的做法。我们的工作是在他们知道自己想要什么之前就替他们搞清楚。"这让人想起福特汽车的创始人亨利·福特的经典语录："如果我问顾客他们想要什么，他们会告诉我'一匹更快的马'!"

迈克·伊万杰利斯特被招聘到苹果公司,帮助设计苹果的 DVD 刻录程序。这款程序最终被命名为 iDVD,并确实遵循了乔布斯的想法。这是乔布斯对自己的选择和直觉极度自信的一个例子——关于哪些方案可行、哪些不可行。乔布斯对直觉的痴迷,在沃尔特·艾萨克森的《乔布斯传》中的一句话里表露无遗。

人们知道如何直观地整理桌面。如果你走进一间办公室,看到桌子上有一堆文件,那么最上面的文件往往是最重要的。人们知道如何切换优先级。因此,我们之所以借用桌面这样的隐喻来设计计算机,部分是因为我们可以借助人们已有的经验。

乔布斯不仅遵从自己的直觉,也知道用户会如何依靠直觉使用产品。

乔布斯坚持依靠直觉进行决策的例子数不胜数,他希望其他人也能直观地使用苹果产品。他怎么知道哪些事情会成功呢?答案在于他熟悉自己的领域,他花了多年时间将新奇的想法转变为现实中的产品。正如我们所看到的,熟悉一个特定领域是运用直觉的五项准则之一,这一点我们稍后会进行探讨。

沃尔特·艾萨克森曾引用乔布斯一句为人称道的话:"直觉非常强大……比智力更强大。"年轻时,乔布斯曾在印度待过7个月,寻找精神启示。他在那里的经历教会了他如何运用直觉,如何信任它、依赖它。

可惜的是,史蒂夫·乔布斯于2011年因胰腺癌去世。在此之前,对于如何处理自己的健康问题,他表现得不够干脆利落。2003年,在一次检查肾结石的CT扫描中,医生看到了他胰腺上的阴影,并因此意外发现了他的癌症。他最终被诊断患有胰腺神经内分泌瘤,一种生长缓慢且通常可以治愈的罕见肿瘤。

乔布斯在被诊断出癌症后的9个月里拒绝手术,希望首先尝试非侵入性的治疗方法,包括调整饮食和生活方式。据艾萨克森所说,乔布斯曾表示:"我不想让我的身体被打开……我不想以那种方式被侵犯。"他对手术的抗拒显然让他的妻子和密友无法理解,他们不断地敦促他接受手术。

在苹果公司,乔布斯的直觉总能指引他走向成功。无论是在产品设计上,还是在苹果的整体发展方向上,他都遵循了自己的直觉。那么,为什么他的直觉不能在其他事情上发挥同样的作用呢?为什么那种对直觉的依赖让苹果取得了辉煌成就,在他的健康问题上却未能奏效?

在乔布斯去世后,新闻采访节目《60分钟》的主持人史蒂夫·克罗夫特就乔布斯的医疗决策向艾萨克森提问:"一个如此聪明的人怎么会做出那么愚蠢的事情?"

答案就在于,他对产品设计、开发和创新有世界级的把握,这使得他在工作中的直觉能够得到充分发挥,但他并未同样精通医疗健康等相关事务。熟练——培养直觉的五条准则中的第二条,是运用直觉的关键。直觉是一种通过学习获得的技能,你的大脑需要在选择与结果之间建立联系。此外,你培养直觉的环境或背景也同样重要,因为学习是与背景相关的。这意味着在工作环境中培养出的直觉不会很好地转移到其他情境和地点。我们之前提到过,环境是 SMILE 五准则中的最后一条。

换句话说,直觉并不是天生的,我们不能简单地认为某些人天生就有而某些人没有。它并不是那么非黑即白。正如我们将在这本书中学到的,一旦我们理解了什么才是直觉,以及什么不是直觉,我们会发现直觉其实很复杂。但幸运的是,运用它的规则非常直接,而且易于遵循。

有时候尝试运用直觉会让人误入歧途,就像乔布斯那样,我将这种尝试称为"误直觉",一种直觉的失误发挥。一些对直觉的运用是遵循科学的、见效的、有益的,但也有些潜在的危险时刻,人们认为自己在遵循直觉,但实际上并不是。我认为我们需要一个词来区分这两种情况。直觉到底是什么？清晰的语言有助于避免混淆。

乔布斯相信他在处理健康问题时是在使用自己的直觉，因此在这件事上他盲目地遵循了个人判断。事实上，他所遵循的是一种带有误导性的感觉——他的误直觉。

理解直觉是什么，以及判断直觉发挥作用的时机，是本书的核心任务。是的，我们可以使用并信任我们的直觉，但并非在任何时候或对所有主题都行得通。

在没有满足五条基本准则的情况下，如果我们听从所谓的直觉，我们更有可能做出次优选择或采取不明智的行动。在这样的情况下，引导我们的并不是真正的直觉，而是误直觉，我们不知不觉就落入了误直觉的陷阱。

我们的大脑喜欢戏弄我们，并且很擅长这类把戏。大脑会用成百上千的狡猾的认知偏见来干扰我们的决策过程。我们将在后面更详细地讨论这些偏见，但你可能已经听说过，从超市到保险公司，很多机构都会利用这些手段来诱导你，让你多花钱。

这些认知偏见经常与直觉混淆，但很明显，并非每次我们在没有完全意识到的情况下被推向某个决策时，都是在运用直觉。如果我们开始这么想，那么几乎所有东西都可以被称为直觉，这个定义就太宽泛了。因此，明确这一点对于深入理解和培养直觉至关重要,只有这样,我们才能取得实质性的进步。

此外,误直觉也包括这两种情况——渴望和上瘾。无论我们感到这两者是多么自然和必需,正如我们即将看到的,它们可能特别阴险。当直觉五准则没有全部满足时,我们就为各种伪装成直觉的误直觉敞开了大门。

测量直觉

☞ 起初的情形

25年来，我一直在研究大脑如何处理无意识信息。这类研究旨在让信息无意识地进入大脑，并与大脑意识到信息时的状态进行对比。这样，我就能观察到在有意识与无意识状态下大脑活动或行为的差异，进而发现，当我们意识到某样事物时，会有什么影响。

我的实验室记录了众多发现，揭示了无意识心智或大脑处理信息的神秘过程。我们和其他许多研究者的成果表明，很多信息的处理并不需要意识的参与。这些发现让科学家了解到无意识如何微妙地影响我们的决策过程。

在专注于直觉的研究之前，我曾研究色彩或动作等基础感官处理。然而，直觉，正如我们所了解到的，是一种涉及身体感觉、情绪和直观感知的深层体验。

2013年，我开始指导一位名为加朗·卢菲提安托的新学生，他从印尼来悉尼读博士。加朗特别想研究直觉，但那个时候我对如何科学地测量直觉持谨慎态度，因为我还没发现一种合理的测量方法。当时，关于直觉的科学理论几乎没有，最多只能说是混杂不清。前面提到的汤姆和贾丝明的案例很吸引人，我也不断听到许多类似乔恩的逸事，但我们需要一种方法，能在任何时候对任何人进行直觉研究。

加朗和我首先讨论了已经出现的对直觉的定义，探讨了直觉是什么和不是什么的问题。我们讨论了实证研究的缺乏，以及为何尽管缺乏明确定义，关于这个主题的非科学图书却如此之多。很多非科学家的作者将直觉描述为一种超越科学的力量——第六感，或某种类似魔法的存在。

尽管缺少合适的测量手段和科学基础，来自各行各业的人对直觉信息的需求却异常强烈——无论是在商业、体育、宗教还是军事领域。那么，为什么科研界对此却兴趣寥寥？科学家仍在争论如何更准确地定义直觉，它是积极还是消极现象，是有用的还是有误导性的。一些人甚至对其存在持怀疑态度，但几乎没有人尝试开发在实验室中测量直觉的方法。

许多科学家认为，在进行实证研究之前需要对研究对象有一个清晰的定义。如果没有一个公认的定义而贸然开始研究，最后会变成研究完全不同的事物，这会给新兴领域带来混乱，进而妨碍突破性研究的出现。然而情况往往是，在达成定义共识之前，我们需要更多数据。这是一个先有鸡还是先有蛋的问题：下定义和获取数据，应该先做哪一个？

在遇到这样的难题时，一个解决办法是采用一个临时的定义，这个定义足以启动研究，足以启发研究者或者让研究者发现不足，进而促使他们提出自己的理论和模型，开始实验。因此，为了开个好头，我对直觉的工作定义是"学会有效地使用无意识信息，以做出更好的决策和行动"，这个定义与我在本书中使用的非常接近。

接下来，我和加朗要做的是思考如何通过实际测量来检验这个定义。我非常推崇亚里士多德的第一性原理思维。第一性原理是一种基本假设或元素，不可被推导得出，或进一步分解，就像物质的基本单位。第一性原理思维是科学的核心，对优秀的工程设计也至关重要。回到第一性原理往往能揭示当前做法的问题。例如，在采用代代相传的过时制造方法的行业中，从头开始，结合制造过程的基本元素或原则，就可以设计出新的、更高效、更便宜或更快的制造方法。

你可能听说过埃隆·马斯克提到太空探索技术公司设计

无一物的黑色桌前坐下，桌上放着一台电脑显示器，与你隔着大约一臂的距离。桌子边缘放着一台设备，和验光师用来测试视力的机器类似，配有一个定制的下巴托。不过，与验光师那里不同，这里的一切都是黑色的。

这个哥特风格的验光设备有四面小镜子，以不同的角度设置，将房间里那一点光反射回你的眼睛。这台设备的专业名称是反射镜式实体镜。你小心翼翼地坐到椅子上。

等你坐稳了，我说：“朝镜子里面看。”于是你向前倾斜，往那台设备里面看。两面小镜子完美地对准了你的眼睛，你立即在镜子中看到两个白色的方块。镜子向你展示了电脑显示器的两个部分。

我为你调整镜子，略微改变它们的角度。你通过镜子看到的两个方块瞬间合并，变成了一个清晰的白色方块。"那么，"我说，"我们准备开始实验了。"

你深吸一口气，实验开始。

你几乎立刻被明亮的闪烁色彩淹没。各种不同颜色的随机形状杂乱地拼贴结合，快速闪过，一幅接一幅，重叠并替换。这就是持续闪烁抑制，它让情绪植入得以实现。之所以称之为持续，是因为它冻结了那些双目竞争的交替变化。

你不知道的是，持续闪烁抑制背后隐藏着一幅情绪图像。在这个特定的实验中，可能是一幅有毒蜘蛛的图像，但在下一个实验中可能是一幅小狗的图像。别忘了,如果你是参与者,你从头到尾都没有意识到这幅图像。它被抑制在意识之外,所以你完全不知情。

在一间墙壁漆成黑色的暗房里,明亮的色彩看起来更加耀眼,但它们的闪烁并不令人不适。它们亮起不到一秒就停止了。屏幕变黑,你再次被黑暗吞没。

与此同时,就在这些闪烁色彩的右侧,有一团点点,像一场暴风雪。它们向四面八方移动,就像成千上万只放射性发光的蚂蚁在巢穴上爬行,上、下、左、右,你的任务是判断这些点整体移动的方向。不是每一个点的方向,那太多了,只需要判断大多数点的整体方向。这很难,因为许多点都在随机移动,但不知怎么回事,你还是能判断出相当一部分点在向左移动。你按下键盘上标有左箭头的按钮,报告你的答案。

到目前为止,一切顺利。可能有点奇怪,但直截了当。

你继续进行另一个实验,做出另一个决策,然后是另一个,再另一个。你想,这其实也不难,并松了口气,开始放松下来。你对自己能完成实验感到更加自信。你在椅子上稍微挪动一下,让自己坐得更舒服,继续完成实验。

这就是在我的实验室里给你测量直觉的体验。可能看起来过于简化,但这基本描述了我们第一次在实验室里展示无意识情绪信息在决策中的作用。这个实验显示，我们可以利用大脑中的无意识信息，将其与有意识信息关联起来，使得无意识信息可以被用来帮助我们做出更好的决策。换句话说，直觉是真实的。它可以通过科学方法被量化。

02

直觉五则

S
自知之明

感到情绪化了？别依赖直觉

☞ 误把直觉当作爱

我和我的约会对象办完了所有的手续，包括确认保险细节、签署文件和领取安全带。这一切仍然有些令人尴尬——每一句评论、行动和反应都被彼此审视，就像第一次约会或面试时那样。我们把脚塞进攀岩鞋，将出汗的手插进装满白色粉末状攀岩粉的袋子里，准备好挑战室内攀岩墙。

就初次约会而言，这种经历可以说是最令人心惊胆战的了。我们直接来到了高手区。一切都暴露了出来：力量、勇气，以及紧绷的安全带在各处拉扯。我们扣好安全扣，我作为攀岩者，我的约会对象作为保护者，我的生命掌握在她的手中。至少感觉是这样。这种信任的加速，直接跳过了所有寻常初次约会的闲聊，包括那些互相试探的心理游戏，直达此刻。

我们俩都不是竞技攀岩者，但也都不是新手。我年轻时经常攀岩，但已经有好几年没攀过了。爬得越高，我就越能感到心里发慌，就像有人在肚子里打鼓。

然后那一刻还是来了，一切都慢了下来，时间仿佛静止了。我能感觉到质感粗糙的假岩石抓手在我的指尖下移动，起初只是一毫米一毫米地，然后是厘米级地，接着我的手指滑脱，抓握失败，我立刻知道这轮攀岩结束了。

在我的手指离开抓手、我开始下落之前，肾上腺素、尴尬和失败感全都冲过我的大脑。这个过程就像观看慢放模式下的火车事故一样。我从墙上掉下，飘浮在空中，然后弹性攀岩绳开始发挥作用，吸收我的重量，同时安全带勒进我的大腿。我摆动着撞向了面前的墙，发出一声闷响。

我的约会对象把我放到地面，我在那里喘息着，找回平衡。我的手指刺痛，手臂发热，但我感觉非常棒，身体里充满了生机和肾上腺素。我们玩得非常开心。我和她四目相对，知道她也感受到了同样的情绪，于是会心一笑。

接着我们交换位置。现在轮到我负责为她提供保护，我尽职尽责地将多余的绳索拉过保护装置，试图给她留下深刻的印象。我进入了准备状态，以便在她跌落时尽可能减轻她下落的冲击力。然后，呼的一声，她从墙上掉下来，直到绳索再次发挥作用，吸收下坠的力。她摇摆着，我接着听到她的脚撞到了攀岩墙上。我将她放到地面，她气喘吁吁地看着我，意味深长地笑了。

结果证明，我们并不适合对方。那初次约会，我们之间产生的电流那么强烈，似乎让空中都充满了噼啪作响的舞动的火花。在我们后来的约会中，那种感觉却找不回来了。我们无法重新点燃那最初连接我们的火花，并最终接受了我们的关系只能停留在友谊层面。她后来透露，她通常倾向于女性而非男性，但我们在第一次约会时共享的强烈化学反应让她一度相信我们之间说不定会有结果。

那初次约会留下的感受，多年来我始终记忆深刻。为什么感觉当时的一切都刚刚好，而之后却全然不同？我时常反思，我们为什么会如此错误地对另一个人产生情愫。终于，我明白了，原来我们是所谓"吊桥效应"（唤醒的错误归因）现象的受害者。

人们往往难以准确识别自己的情绪及其来源。我和约会对象把攀岩引发的肾上腺素飙升、心跳加速、手心出汗以及那股纯粹的兴奋，误认为是彼此间的吸引。我们的大脑无法分辨这些感觉是来自攀岩还是我们之间的互相吸引。这正是

《单身汉》和《单身女士》等节目制作人所熟知，并用其来操纵参与者的现象。

在被称为"吊桥实验"的著名研究中，不列颠哥伦比亚大学的研究者让男性参与者走过一座高悬而不稳的吊桥。在桥上，他们遇见了一位女性，她事先和研究者商量好了扮演的角色。这位女性向男性参与者展示了一张图片，让他们以图片内容为主题编写一个戏剧性的故事。她收集他们写的故事后还提供了一个电话号码（其实是假的），并说如果有什么关于这个实验的问题可以打电话给她。

附近有另一座更低、更宽、更稳的桥，在那里也进行了同样的实验。那些在高悬而不稳的桥上进行实验的人不仅更有可能打电话给那位女性，而且他们编写的故事中也使用了更多与性相关的词语。

研究者将这些结果解释为，参与实验的男性并不清楚他们为什么会感到情绪激动或者情绪唤起。在不稳定的桥上，他们可能会感到焦虑、紧张，甚至肾上腺素激增。这是由所处环境引起的，但他们可能并不清楚为什么会有这些感受。就像我和我的约会对象一样，他们错误地把这些感觉归因于遇见了桥上的女孩。

换句话说，当我们感到某种情绪被唤起时，无论是积极的还是消极的，我们通常分不清唤起的原因。在其他研究中，让男性做体育锻炼，比如原地跑步（不像晃动的高吊桥或攀岩那样吓人）之后，立刻评价某个短视频中女性形象的吸引力，跟没有被安排锻炼的男性相比，这些男性给出的评价更高。

即便在这些较为温和的实验中，参与者也会混淆他们心跳加速、出汗、体温升高的原因。虽然这些只是锻炼后产生的，参与者却倾向于将其归因于对他人的吸引。

谈及直觉，如果我们的身心系统充满强烈的情绪，无论是积极的还是消极的，或是焦虑的，我们都可能成为唤醒的错误归因的受害者。出于相同的理由，你不应该在首次约会时攀岩。当你充满肾上腺素、抑郁或焦虑时，也不应依赖直觉：你可能会误将自己的感受归因于直觉，而非它们的真实来源。

因此，如果你在过一座高桥时感到焦虑，那未必是你的直觉在作祟。如果你刚锻炼过或喝了太多咖啡，你的心跳可能加速。这同样不是直觉在影响你的情绪，而只是你的生理机能进入了亢奋状态。强烈的情绪、物质摄入和锻炼都会使你的身体进入一种容易与直觉混淆的状态，不要错误地将这些状态视为直觉。

这就是为什么 SMILE 准则中的第一条极为重要。S 代表自知之明。在运用直觉前，利用你的自我觉察来检查你的情绪。当你情绪化、焦虑、抑郁或充满肾上腺素时，你不应该依赖直觉。强烈的情绪不仅会压制对直觉微妙信号的敏感性，还可能导致错误归因，进而导致错误的选择，即误直觉。

☞ 喧嚣掩盖直觉

想象你在一场派对上。它不必是狂野的派对，只需有音乐和20多个人。你站在那里，倚着墙，手里拿着饮料，享受着氛围和音乐。这时，你看到了一个多年没见的老朋友，在拥挤的房间那头。你挥舞着右手，但他没看到你，忙着跟别人说话。你大声喊他（她）的名字，但音乐和满屋子的谈笑声淹没了你的声音。

你穿过房间，避开人群和家具，最终来到你的老朋友身边。你说："嗨！"但房间依旧太吵，谈话声和音乐盖过了你的声音。你提高嗓门，喊道："嘿，好久不见。"他终于转过身来，看起来既惊讶又高兴。你继续说："你最近怎么样？"他耸耸肩，一只手掩住耳朵，试图听清你说的话。你指向看起来空无一人的厨房。

你们一起走进厨房，你再次问道："你最近怎么样？"最后，你们可以听到彼此的声音，可以交谈，而不被噪声淹没。

02 直觉五则

直觉也是如此。你的所有强烈情绪都会淹没无意识中微妙的声音。你不仅要警惕情绪的错误归因,还要意识到强烈情绪会像喧闹声一样掩盖直觉。

让我们回头看看山顶上的乔恩·缪尔。当他和他的队伍攀登珠峰时,乔恩迅速处理了山上的所有特点:风、柔软的雪、阳光、团队的活力、他们的肢体语言,以及其他成百上千个细节。

乔恩的大脑随即产生了一种感觉,这种感觉基于所有这些不同事物之间的联系,以及他在类似情况下经历过的所有正面或负面结果。值得注意的是,他足够敏感,能够捕捉到这些通常非常微弱的联系。如果他当时情绪激动,他可能就错过了身体的警示,注意不到山上的危险。

只有当你心智清醒的时候,才应该运用直觉。强烈的积极情绪很可能会降低你对直觉信号的敏感度,但中等到微弱的积极情绪,或者说心情愉悦,对直觉是有益的。

在探究情绪对直觉影响的研究中,相关研究者运用了一项被称作"语义连贯任务"的测试方法。参与者需要迅速判断给出的三个单词是否有共同之处。例如,"盐""深"和"泡沫"都和大海有关。研究中,参与者看到的都是可以由某个整体概念联系起来的词语组合,绝不会出现毫无关联的词。研究发现,即使人们不知道这些词语背后的整体概念是什么,他们有时也能回答出这些词语是相互关联的。这种知道词语在语义上相连，却说不清为什么相连的能力，被描述为一种直觉判断。

科学家还发现，心情愉悦能提高人们完成语义连贯任务的表现，心情不佳则会使表现变差。在这项研究中，参与者首先被要求回忆近期生活中的一个事件，无论是积极的还是消极的，并记录下这个事件与情绪相关的方面。这样做往往能够重新唤起那种情绪。之后，他们被要求执行语义连贯任务。

我们还不确定情绪是否会影响到词汇语义任务之外的领域。例如，我们不知道这类情绪诱导手段是否也会在我们用情绪植入测量直觉时影响参与者的表现。或者，心情糟糕时，汤姆是否还能那么轻松地走过那条走廊。

然而，这并不会改变我们的第一条准则：在依赖直觉之前，先检查你的情绪状态。如果情绪无论是好是坏都过于强烈，那就转而采用理性的、有意识的逻辑思考。

☞ 焦虑和抑郁

每个人对焦虑的体验可能各不相同，但也存在一些共性。

双手紧紧握成拳头,心在胸腔里怦怦地跳,面对当下的场景,却极度纠结于那些不可能发生的事。心中不断重复:怎么会变成这样,不能再这样下去了。那种恐惧和恐慌一遍遍袭来,挥之不去,让你内心不停地产生一种感觉——这个世界马上就要完蛋了,随时就要完蛋了。这些焦虑情绪过于强烈,你不得不相信它们。如此强烈的感觉怎么可能不是真的呢?

最终,压抑在胸口的感觉和急促的心跳平息了下来,你感到疲惫,几乎有了睡意。最糟糕的时刻已经过去,隧道尽头再次出现了微弱的光亮。事情好像也没有糟糕得无法接受,世界也没有马上就完蛋,你感到自己可以松口气了,可以深长而缓慢地呼吸了。

焦虑有时会像持续的状态和长期的感受一样挥之不去,有时则会像惊恐发作一样突然暴发。我经历过几次焦虑发作,那真是我经历过的最可怕的事情之一。

当焦虑强烈到足以干扰我们的正常生活,也就难怪我们的认知会发生明显的变化。短期记忆会大受影响,周遭环境中的潜在威胁会不断吸引我们的注意力,让我们难以专注于别的事情。早期研究也指出,焦虑还可能削弱我们的直觉。

关于焦虑如何影响直觉,研究者又一次采用了语义连贯测试。在这项研究中,研究者首先让参与者阅读一份容易令人焦虑的文本,里面描述了一些负面的、失控的情境。随后,研究者通过电脑屏幕向参与者展示了一些可怕的照片，包括蛇、蜘蛛和鲨鱼。重复这个过程，并使用不同的文本和图片，参与者的焦虑感被强化了。接着，研究者让参与者完成几轮语义连贯任务，然后给他们看更多令人不快的图片，之后再进行一系列语义连贯测试。

这类研究经过了伦理委员会的严格审查，通常不会让有心理或神经疾病史的人参加。实验诱导出的焦虑状态是暂时的，研究人员会确保参与者在实验结束离开时，情绪能恢复到正常状态。

参与者一旦陷入焦虑，他们在语义连贯任务中的成绩就会显著低于那些处于平静状态的人。研究者认为，焦虑降低了人的直觉能力。

但焦虑为什么会有这种影响呢？研究者认为，这可能与之前提到的情绪的错误归因有关。在焦虑状态下，我们会弄错感受的来源。参与者把自己因焦虑而产生的情绪与语义连贯任务中引起的感觉混在一起，参与者本来应该把后者当作一种信号，用来联系和归类给出的不同词语。我认为，焦虑还会产生情绪上的干扰，有效遮蔽直觉的信号。出于这两个原因，我们在焦虑的状态下难以察觉到直觉的细微情感信号。

需要注意的是，这项研究仅限于临时诱发的焦虑状态。我们尚不清楚长期焦虑症患者在语义连贯任务中的表现。但

02 直觉五则

我预计,基于上述理由,长期焦虑症患者在直觉方面也不会有好的表现。

另一个对决策产生消极影响的心理健康问题是抑郁症。重度抑郁症患者通常难以做出决定。他们倾向于陷入消极的念头中,经常过度思考自己的状态、情境或心情的原因和后果。这些狭隘单一的思维循环被称为"反刍",这不仅是抑郁症的一个症状,更是其机制的一部分:它们维持着抑郁状态,使得打破现状变得非常困难。研究表明,抑郁症会降低问题解决能力,影响决策制定和直觉。

为了测试抑郁症如何干扰直觉,研究者再次采用了语义连贯任务。但在这项研究中,他们没有试图在实验对象身上临时诱发抑郁状态,而是招募了已经被确诊为处于抑郁状态的人。在实验室,研究者通过访谈确认了参与者的抑郁状态,然后让他们完成语义连贯任务。数据显示,抑郁组的表现显著低于非抑郁对照组。这一结果表明,抑郁症和焦虑症一样,会干扰直觉。因此,我们可以说焦虑和抑郁都会破坏直觉。

值得注意的是,所有这些研究均采用了语义连贯任务,正如其名称所示,这项测试关注词语及其意义。不过,有一项相关研究并不使用词语,而是采用了一致与不一致的图片作为任务材料,其他方面则与之前描述的语义连贯任务相同。

然而，研究者在这项实验中发现了一个相反的规律：处于抑郁状态的人比非抑郁者的表现略为出色。这一发现其实是合情合理的，因为我们已经了解到负面情绪能够提高视觉处理的敏感度，让人更容易察觉图片中极其细微的元素。

这两种连贯性测试得出的对立结果非常重要，因为这种差异引出了一个问题：语义连贯任务究竟是真的能够衡量直觉能力，还是说只是衡量了某种基于语言处理的能力。我们知道，语言上的反刍行为和抑郁症紧密相关，而且反刍主要与词语有关，因此，语言反刍可能在抑郁症患者执行语义连贯任务时干扰了他们的表现。遗憾的是，目前尚无研究来阐明这一点。

☞ 如何发现自己太情绪化了

这是一段上传至网络的视频场景，发生在佛罗里达州可可市，距离卡纳维拉尔角的太空发射基地不远。视频中，一位名叫贾梅尔的年轻人正灵巧地翻过一座后院的围栏。围栏高过他的腰部，但也没有高得需要他爬上去，正好处在那种尴尬的高度上。穿过围栏后，贾梅尔在草地上绊倒，在长长的草丛中消失了一会儿。当他终于又站起来并继续往前走时，

02 直觉五则

他看起来有点一瘸一拐的。他沿着小山坡走向一片湖，湖面异常平静，倒映着四周的草木。他脱下衬衫，跳入水中，随着他向湖心游去，水面泛起的涟漪模糊了倒影。

紧接着，只见贾梅尔的头浮现在湖中央，像一个小点，这时镜头外传来一个年轻男性的喊声："你这个该死的瘾君子，我们才不会救你呢！"

视频画面一晃一晃的，显然是有人拿着手机在拍。我们可以听到拍摄者继续说："没人会来救你的，你这个蠢货。"画面底部的草地延伸到湖边，距离很近，我们可以猜测这群年轻人几乎就站在湖边。"他一直把头埋进水里……哇。"此时，贾梅尔的头在水面上消失又出现。"你为啥害怕见到死人？"有人在边上说。

就在此刻，我们可以清晰地听到贾梅尔发出的喊叫声——一声呼救或是绝望的呼喊。湖面上那个小小的点，他的头，再一次消失了。

"哦，他死了，"有人大声宣布，伴随着一阵群嘲和高高低低的笑声，"你兄弟已经在水下好一会儿了，他好像不打算回来了。"

"天哪，他人呢？"

"所以我们刚刚看着一个人淹死了，却连手都没伸？"

"对呀，去救救他吧，他死定了。他这下是真的回不来了。"

你可以想象看到这段视频的时候,你心里会有多难受。夜惊的症状依然让贾梅尔的母亲格洛丽亚·邓恩睡不好,她经常惊醒,气喘吁吁,仿佛与儿子一同溺水了。

那些旁观的青少年为什么不去救贾梅尔?他们为什么不打电话求助,或至少报警呢?

我复述这个惨痛的故事,是为了强调情绪智力与情绪意识的重要性。近年来,围绕情绪智力衰退的讨论有很多,但究竟什么是情绪智力呢?

"情绪智力"这一概念涉及一系列内涵与特征,从自我情绪感知到理解他人情绪,再到掌控和应用情绪的技巧。高水平的情绪智力能给生活的各个方面带来正面影响,如提高工作效率、增强幸福感、更好地管理压力、提升学业成就以及改善人际关系等。反之,低情绪智力的一个表现就是对他人苦难的漠视,比如我看到的贾梅尔的遭遇。

近10年来,情绪智力的普遍下降被认为与科技产品的大量使用,特别是社交媒体的使用有关。尽管难以确定具体的因果关系,但多数研究者认为,年轻人越来越多地使用社交媒体可能是情绪智力下降的一个原因。这一点与众多研究结果相符,这些研究结果明确指出,沉迷于社交网站有可能导致负面的心理健康状态或心理疾病。

02 直觉五则

意识到自己的情绪不仅是情绪智力的重要组成部分，也是安全有效地运用直觉的关键。情绪意识是情绪智力的一环，它之所以重要，是因为你需要自我觉察来判断自己是否处于某种情绪状态，以及是否适宜运用直觉。

什么是情绪意识？如果你缺乏情绪意识，又该如何获得呢？

正如我所说，情绪意识是情绪智力的一部分，而情绪智力通常通过问卷来测试。例如，特质情绪智力问卷（简版）就包含了以下关于情感意识的具体问题。

1. 我能够用语言表达我的情绪。
2. 很多时候，我无法确定自己正在感受什么情绪。
3. 我经常发现很难向亲近的人表达我对他们的感情。
4. 我经常会停下来思考我的感受。

回答这些问题的人需要给出 1~7 的评分，其中 1 代表"完全不同意"，7 代表"完全同意"。我在这里列出这些问题，只是为了部分展示这个问卷是什么样的。如果不考虑问卷中的其他问题，单靠回答这几个问题并不能测量你的情绪意识。网上有许多情绪智力测试，但请注意，并非所有测试都是有效的，所以请对你得到的分数持保留态度。

情绪意识是一种复杂的特质，由众多因素共同塑造而成。有些人似乎生来就更懂得倾听内心的声音，而另一些人则在识别和调控自己的情绪上显得力不从心。那么，这种意识有哪些关键的决定性因素呢？通过练习是否可以增强这种意识？

早年经历是影响情绪意识形成的关键因素之一。如果孩子成长的环境是比较鼓励表达情感并有助于培养情绪调节技巧的，那么这类孩子更容易发展出较高的情绪智力和情绪意识。当孩子得到鼓励，去识别并表达自己的情绪，他们会更加理解这些情绪，并学会如何管理它们。

基因在塑造情绪特质方面也扮演着重要角色，进而影响情绪智力和情绪意识。有的人天生就容易情绪激动，而有的人则相对平和。但要知道，情绪智力的形成并不完全由基因和童年经历决定，后天的针对性训练与实践同样能够促进情绪智力的发展。

要提高情绪智力，个人可以专注于提升情绪意识。这涉及识别和了解自己的情绪状态。通过留意情绪带来的身体感受，探究触发某种情绪的思维或信念，以及识别经常伴随着特定情绪出现的行为，我们能够更深入地洞察自己的情绪，并学习更有效地管理它。

还有一种增强情绪意识的有效途径，那就是正念练习，如冥想或瑜伽。这类练习能够帮助人们更密切地感知自己的情绪体验，并在思想和情绪上获得更强的控制力。久而久之，随着内心变得更加镇定与平和，我们也能够更加有效地调控情绪，以更加周全和有建设性的态度面对挑战。

除了增强情绪意识外，还有其他方法可以提高情绪智力。例如，我们可以学习共情，努力理解他人的情绪。这意味着我们要学会设身处地为他人着想，想象他们在特定情境下的感受。这有助于我们培养更强的同理心，学习如何以一种带着同情和鼓励的方式回应他人的情绪。

了解并觉察自己的情绪，对于培养直觉能力至关重要。首先就是去感知自我对情绪的敏感度。如同我们之前所讨论的，这可不像看一下智能手表上显示的心率那么直观简单，虽然这一类生物反馈对于学习识别自己的情绪状态确实有所帮助。

有一个叫作"情绪仪表盘"的手机应用程序，它是由耶鲁大学情绪智力中心的研究人员开发的（与我无任何直接关联）。它基于这样一个理论：养成随时标记并理解自己情绪的习惯，有助于提升情绪智力。我之所以提到这个应用程序，是想把它作为一种工具，帮助我们将自己情绪的广度和深度可视化。这是向增强情绪意识迈出的一步，为的是使我们能更好地判断什么时候可以安全地运用直觉。

使用这款应用程序来记录自己的情感数据时，你要从四个象限开始，就像下面的简化图示一样（图1）。

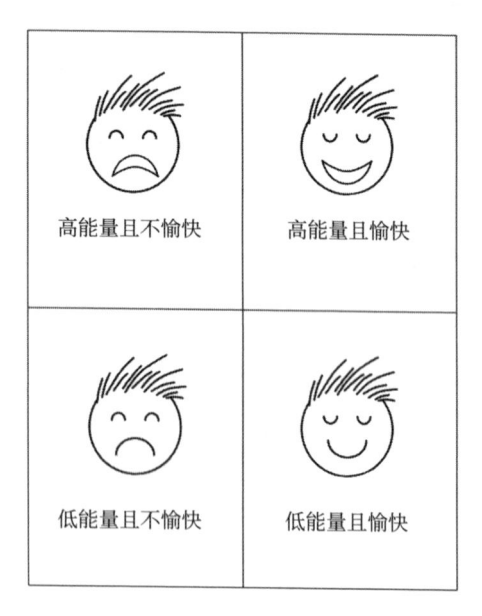

高能量且不愉快	高能量且愉快
低能量且不愉快	低能量且愉快

图1　记录自己的情感数据

把能量较高的情绪置于顶端、能量较低的情绪放在底部，并且从左向右逐渐过渡到较高的愉悦区间，我觉得这个布局设计为我们呈现情绪全谱提供了一个极佳的视角。这样直观、四分法的布局使得迅速捕捉自己的情感状态变得简单易行。不过，当你实际使用这个应用程序时，你还可以进一步深挖每个区域，里面会有更多具体的形容词帮助你精准把握自己的情绪。

02　直觉五则

落入不愉快的区间时，或许就是该暂缓依赖直觉的时候了。记住，判断一个人是否过于情绪化而不宜运用直觉，并没有一个硬性的界限或一项适用于所有人的统一标准。就算真有这样的标准，对某个人来说"过于激动"可能在另一个人看来还是"不够激动"。也就是说，情绪对直觉的干扰程度，对每个人都是不一样的。

在不愉悦的情绪区域中避免依赖直觉固然重要，但同样需要警惕的是右上角——既高能量又极度愉悦（如狂喜般的状态）。例如，如果你刚中了彩票或是开始恋爱，这种过度兴奋的状态很可能会干扰你对直觉细微信号的感知。

如果你自我检查，并发现自己正处于压力、焦虑或抑郁之中，就先不要尝试运用直觉。那么，这个时候我们可以做什么呢？

对于缓解压力和焦虑，你完全可以在家自行尝试多种方法。举个例子，要想立即改变自己的状态，可以试试箱式呼吸法。这项技巧要求你在吸气时缓缓数到5，屏住呼吸再数到5，接着呼气数到5，然后重复这一过程。类似瑜伽休息术这样的非睡眠深度休息方式，对于身心放松也可以起到非常好的效果。

此外，还有多种方法可以从一般层面助益心理健康。对轻度抑郁症患者而言，适量运动的效果可与抗抑郁药媲美。

至于我自己，桑拿浴便能显著提振我的情绪。睡眠自不必说，减少酒精和糖分的摄入也同样重要。保证足够的日照，特别是在上午这样可以加强你生物钟的时间段，还有参与社交活动和面对面交流。这些都将对提升和维持你的幸福感有所帮助。

当然，面对严重的心理问题时，这些建议肯定不能替代专业的医疗建议。我提到的只是一些可能会有积极作用的做法。别忘了，当你保持轻松愉悦，并且不至于过度兴奋时，你的直觉和决策能力往往处于最佳状态。

M
熟能生巧

先练功夫后行动：熟练对直觉至关重要

☞ 好莱坞速成魔法

在《黑客帝国》这部科幻片中，主人公尼奥准备与黑客帝国中的危险特工展开较量，迫切需要速成多年训练才能掌握的自卫技巧。

在我特别喜欢的一个场景里，尼奥要迅速掌握柔术。操作员调出一块显示"柔术"二字的屏幕。尼奥面露疑惑。操作员向他眨了眨眼，迅速敲了几下按键，尼奥的身体不由自主地收缩，脸上的表情扭曲起来，露出震惊的神色。他在椅子上前后摇晃，看上去好像遭遇了10级地震。与此同时，柔术的技能正在通过他后脑的电脑接口，从一根锋利的插针直接上传到他的大脑中。

想象一下，如果能通过电脑接口直接将新技能上传到大脑，免去所有学习过程，那该有多棒？不管你想学什么，只需轻触按钮，瞬间就能成为网球大满贯冠军、直升机飞行员，甚至爱因斯坦。

但是，我必须泼冷水：大脑并不是这样运作的。大脑不是计算机。当我们学习新东西时，大脑会发生实质性的变化，重新布线，断开旧的连接而建立新的。更加重要的是，我们每个人的大脑和心智都是独一无二的，正如我们的身体、肌肉和骨骼都因人而异。要想成为网球高手，你的大脑需要以适合你独特的身体、骨骼和肌肉的方式进行个性化重组。即便我们能以某种方式，按照塞雷娜·威廉姆斯的大脑重塑你的大脑，你也不可能变成像她那样的网球运动员，因为使她能够取得成就的身心组合，与适合你的那套不一样。

这个问题同样适用于新知识和认知技能的上传。你的大脑是唯一属于你的，其内部连接就像你的指纹一样独一无二。

对于大脑如何通过学习而变化，或许可以在神经科学家大卫·伊格曼的著作《活件》中找到最佳解释。他指出，大脑既不是硬件也不是软件，而是"活件"——一个动态系统，其中所谓的硬件与软件相互交融。它们处于一种持续不断、彼此塑造的微妙舞动之中。因此，仅仅改变其中之一，比如硬件,是远远不够的。你需要同时改变软件,即大脑的活动模式和你的心智。要真正理解这一切,我们还有很长的路要走。

☞ 为什么1万小时定律是错的

在上海中心大厦,篮球界的传奇人物科比·布莱恩特坐在一张简约的黑色凳子上。作为有史以来最顶尖的篮球运动员之一,他以一种几乎带着些许羞怯的态度轻声向在场观众问候,并对他们的到场表示感谢。在与观众的互动问答中,主持人将谈话转至曾经的训练时刻:"记得我们曾在凌晨4点出发去训练。"他特意强调是凌晨。

对此,科比回应道:"对我来说这是理所当然的。如果你的目标是成为最优秀的篮球运动员,那么训练就是必需的。你需要不断训练,尽可能多地、尽可能频繁地训练。"他继而详细解释,仅凭每天清晨4点开始的训练,他是如何显著增加自己的训练量的,而且他还指出:"随着时间的推移,你与同龄人和对手之间的差距会越拉越大。等到第5年或第6年时,无论他们在夏天做了多少额外的训练,都无法追上你,因为他们已经落后5年了。"

科比这一貌似简单的理念无疑激励了全球成千上万的年轻人，让他们一大早起床，为了超越他人。但实际上，学习的原理并不是这样的。学习不仅与投入时间多少有关——因为有些时间的价值高于另一些。

与步行这样的活动不同，学习不是一个直线前进的过程，不是我每迈出一步，就一定会离目标近一步。同样地，我每多投入 1 个小时的篮球训练，并不意味着我能提前 1 小时成为美国职业篮球联赛明星。多花时间练习当然是有益的，但每个小时的价值受到多种因素的影响。实际上，有时你可能只需 1 小时就能掌握某项技能。

马尔科姆·格拉德威尔在他 2008 年的书《异类》中提出，任何人都可以通过 1 万个小时的练习成为某个领域的专家。他以有力的例子向读者展示了人们一生中最初 20 年的经历。那些在各自领域成为专业人士的人，等他们达到专业水平时，已经积累了大约 1 万小时的练习时间，而那些没有达到专业水平的人只练习了大约 2000 小时。他进而提出："研究者一致认为，要想达到真正的专业水平，你需要那个魔法数字——1 万小时。"

这一理论，尽管听起来颇具吸引力，也深入人心，被许多人视为达到专业水平的黄金标准。然而，这个观点其实并不准确，也不是学习新知的最佳方式。

重要的是重复的次数、你所犯的错误数，以及学习带来的激励效果。学习过程中的环境因素，比如你的睡眠状况，也同样重要。学习并不仅仅意味着你投入的时间，也关系到这些时间的质量，还涉及你在结束学习后做的事情，因为学习结束之后的活动会影响大脑如何巩固所学的内容。

☞ 当狗吃到看不见的狗粮

被称作"关联性学习"或"经典条件反射"的学习方式，是一种以直觉为驱动力的学习类型。它与你或许更为熟悉的其他学习方式，比如弹钢琴或滑雪，有些不同。

19世纪末，俄国科学家伊万·巴甫洛夫通过对狗的实验，深入探究了经典条件反射，其关注点是它们的唾液、胃液和胰液的分泌。这项研究让巴甫洛夫的狗闻名遐迩，而巴甫洛夫也因此成为经典条件反射的象征，经典条件反射即大脑通过学习某个信号预示另一个事件的过程。狗在准备吃东西时，会分泌大量的唾液。在巴甫洛夫的时代，人们认为狗的唾液能有效治疗消化不良。巴甫洛夫及其团队的实验虽然不尽人道（细节我就不说了），但他们观察到了一些有意思的现象。

实验刚开始的时候，只要食物出现，狗就会流口水。然而，随着时间的推移，它们甚至在食物出现之前就开始流口水。接着就是那个大家耳熟能详的故事了：实验人员在喂食的时候摇铃铛，几天后，仅仅是铃声就能让狗流口水。巴甫洛夫将这种现象称为"精神性分泌"，因为这些狗表现得就好像食物真的摆在它们面前一样。

然而，实际情况并非如此。铃声触发的反应与食物触发的反应一样，巴甫洛夫称之为"条件反射"。这些狗流口水的行为是有条件的，取决于它们是否学会把铃声和食物联系起来。正是由于这项研究，巴甫洛夫在1904年获得诺贝尔奖，他的工作至今仍是心理学课程中的热门话题。[①]

这种类型的条件反射被称作"巴甫洛夫式条件反射"或"经典条件反射"。它至今仍是我们理解学习，以及理解心理障碍及其治疗方法的基础。这也解释了为什么每当收音机响起某首特定的歌曲时，你会感到某些情感和记忆如潮水般涌来，以及为什么每次你一拿起开罐器，你的猫就会跑向你。其核心原理非常简单——当大脑中的神经元一起（或相继地）活动时，它们会互相连接。它们真的通过彼此之间的小分支连在了一起。这些连接意味着你在这世界上接连看到或听到的事物会彼此关联起来。铃声一响，狗便开始流口水，因为

[①] 巴甫洛夫获得1904年的诺贝尔奖是由于他在消化生理学方面的研究，但他在获奖致辞中分享了关于"条件反射"的现象。——编者注

它们大脑中处理食物的神经元与处理铃声的神经元建立了联系。铃声激活了食物神经元。

这种关联性学习并不意味着狗在听到铃声时决定去想它的食物。关联性学习连接了大脑的不同区域,让流口水的过程自动化,甚至在海蛞蝓这样的小型简单的生物体中,也能发生关联性学习。这种学习可以在无意识中进行。

事实上,这种自动化的关联性学习是直觉的根基。它说明了直觉是如何从你的日常经验中发展出来的。例如,每次你在咖啡厅享用美食并获得愉悦的体验时,代表咖啡厅和快乐体验的神经元在你大脑中的连接会变得更加紧密。而每当你在咖啡厅的体验不尽如人意或感到不适时,你的大脑会形成一组不同的神经元网络。

在这之后,当你再次走进一家咖啡厅时,你会有某种预感。这种预感可能是积极的或消极的,而你无须做出任何明确的判断。一切都像巴甫洛夫的狗和铃铛那样自动发生。处理咖啡厅所有细节(比如桌布、音乐、温度、气味等)的神经元,激发了你大脑中的情感部分,让你产生了某种感觉。这就是人们所说的"直觉"所带来的感觉,一种好像在肚子里产生的内在感受。正是这种感觉,在一个狂风大作的上午,于珠峰西脊救了乔恩·缪尔的生命。他大脑中处理风、温度和光线的神经元触发了情感神经元,让他注意到了来自体内的特殊感受，从而意识到危险。

如果你对某件事没有经验，比如第一次攀岩、打网球、下棋，或做投资决策，那么你就不会拥有这样的有用关联，也就无法依赖直觉。这就是为什么，经验和精通是依赖直觉的必要条件。如果你是初次尝试，就无法依靠直觉做决定。

☞ 熟练到什么程度才能生巧？

遗憾的是，这个问题并没有一个简单直接的答案。正如我们在学习一项新技能时所体会到的，重要的不仅是投入时间的多少，更关键的是这些时间的质量以及所获得经验的性质。事实上，负面经历能够加速我们的学习进程。一个基本的原则是，遭遇的挫折越重，你和你的大脑越能快速地从中吸取教训。以创伤后应激障碍为例，很多人可能只经历一次严重的创伤事件，如一场车祸，便深刻学到了某些东西。这种学习如此深入，以至于有时反而成了负担。

然而，不那么极端的负面经历同样能促进学习。以我自己的经历为例，那是我人生中第一次也是最后一次观看板球比赛。那天，我还首次尝试了朗姆酒。当天晚上，我的朋友不停地买酒，而我本来就不擅长喝酒。我最后还是喝多了，接着消失在了洗手间,几个小时后我才出来,醉醺醺的,头脑一片迷糊。当我回到现场时,一切都静悄悄的,观众早已散去。夜已深沉,但体育场的灯还是很亮,而我的朋友消失得无影无踪。

那次经历让我此后25年都远离板球和朗姆酒。现在,一闻到黑朗姆酒的味道,我就会立即回想起那天晚上的经历以及恶心的感觉。一夜之间,我就成了一个绝不碰朗姆酒的人。

这个例子说明了大脑能够迅速学习,记住某些东西会让人感到不适,并将这份记忆长久保留。这是关联性学习的一个实例。我并没有刻意记住朗姆酒会让我感到恶心,实际上,我宁愿忘掉它。但我的大脑永远将朗姆酒和恶心的感觉联系了起来,甚至可能包括板球在内,尽管我没有去验证这一点。

正面经历和负面经历之间存在有趣的不平衡。负面经历几乎总能给我们带来更强烈的影响,远超过正面经历。因此,在直觉背后的关联性学习过程中,负面的事物往往能够激发更强的学习驱动力。这种大脑机制是合理的,因为负面的事物通常关乎生命安全,而我们需要迅速学会相应的关联。当然也有例外,比如性和药物,它们一开始可能带来积极的感受,最终却可能演变为依赖。虽然性在一般情况下能起到积极的作用,但同样有成瘾的可能。

这意味着，你需要多少学习经验来构建直觉的基础，取决于你的经历是积极的还是消极的，以及这些经历的强度有多大。一次强烈的体验，如果足够震撼，可能就是你所需要的全部，比如我和朗姆酒的故事。而对于其他情况，你可能需要经历成百上千次，才能积累足够的经验，形成足以推动直觉的关联。

在熟练与直觉的方程式中，还包含另一个变量——环境。环境对关联性学习的影响同样不容忽视，正如 SMILE 准则中的第五条所述，我们将在后续详细探讨环境因素。简而言之，你周围能预测结果的因素越多，关联就越分散，学习效果也就越差。因此，如果处在繁忙或杂乱的环境中，学习过程就需要更多的重复，因为大脑需要辨识并学习更多的预测因子。关于学习的理论有非常复杂的细节，我们不便在此深入讨论。但简单来说，你需要多少经验来帮助形成可信赖的直觉能力，主要取决于你的经历对你产生的影响有多强烈。

☞ 时机的重要性

我们都有过以下这种经历。和朋友共享一顿丰盛的晚餐后回家，或许会看书或看电视放松一下，然后开始准备睡觉。

接着遵循日常习惯的流程，很快就上床，进入梦乡。但在深夜，意外却悄然降临：一阵胃里翻江倒海的感觉瞬间让你从梦中醒来。

食物中毒绝不是件愉快的事，它足以让你对某家餐厅、某种食物，乃至特定的风味产生强烈的反感。有意思的是，即使在进食和产生不适中间隔了好几个小时，这种食物厌恶——一种关联性学习，也会自然发生。重点是，在这种学习过程中，你无须刻意回忆："啊，一定是我之前吃的那道鱼。"你的大脑无须你的意识参与，便能自动学到食物和身体不适之间的联系。

更有意思的是，味觉厌恶是可以人为引发的。假设你刚刚享用了一顿美味的晚餐，我就让你服用一颗药丸，这药吃下去会让你感到非常恶心。听起来很刻薄吧。更进一步，我提前告诉你这药丸会使你感到恶心，因此你很清楚恶心的原因。然而，即便你知道恶心不是由食物引起的，你的大脑还是会将你的晚餐和这种不适感联系在一起。

化疗患者是这一现象的典型例证，他们明白化疗药物会导致恶心。通常，这段时间摄入的食物很可能会被患者厌恶——他们开始对这些食物失去胃口。患有流感时，也可能出现相似但更轻微的情况。因此，生病时最好避免吃你最爱的食物。

但大多数情况下,关联性学习建立的联系几乎是立即形成的。你走进一家咖啡厅,点了一杯咖啡,结果却令人失望。这种反馈——喝到一杯难以下咽的咖啡,仅在几分钟之内就会发生。在众多科学实验中,这种反馈几乎是瞬间发生的。无论是以老鼠还是大学生作为实验对象,做出选择之后,实验对象一般都会立刻得到奖励或惩罚。

关于直觉背后的关联性学习,有时候这种学习是立刻发生的,就像很多专注于学习本身的科学实验一样,但有时却不是。在踢足球或打篮球时,凭直觉选择向左而非向右,会立即得到反馈,行动的结果会明确告诉你这是个好选择还是坏选择。然而,直觉的学习过程往往更类似于食物中毒。可能需要好几个小时,甚至几天或几周,你才能真正得到你所做的选择的反馈。信任某人、投资,或决定是否购买你一直在看的那栋房子,在这些决策中,你的选择带来的反馈,也就是你的大脑需要学习的关键信息,可能需要很长时间才会出现。

在涉及长期反馈选择的直觉学习过程中,存在一个问题:预测因素与结果之间的延迟越长,关联性学习的效果通常越差。需要注意的是,在负面经历的刺激下学习速度更快,比如食物中毒引起的身体不适。因此,我们可以将这三条关于学习的经验综合起来,即那些带有即时且强烈负面反馈的选择会产生最强烈的学习效果，而反馈延迟且微弱的选择所产生的关联性学习则见效比较慢。

如果你尝试通过买股票来培养直觉，但需要等待几个月才能看到股票的表现，这种学习效果会非常弱，除非你损失惨重，并真正感受到了痛苦。想要得到效果，培养出直觉，你需要经历多次交易。反之亦然，对于那些能够立即获得反馈的决策和行动，学习效果会更明显，这意味着你不需要重复太多次就能学会如何依靠直觉做出决策。

在培养直觉决策或行动时，时间间隔至关重要。与需要长时间等待反馈的选择相比，你的选择或行动的结果来得越快，你的学习效果越明显。快速反馈的额外好处是，在同样的时间内，你可以进行多次练习。因此，如果你想优化对直觉的训练，则应该从那些能够快速得到反馈的事情开始。

☞ 合理地最大化直觉练习

研究表明，失败和犯错对学习任何事物都至关重要。它们会向大脑发送一个冲击信号，告诉大脑某些事情按通常的做法行不通，因此需要做出改变。这会促使你的大脑进入一种可塑或易于接受改变的状态，为自我调整做好准备，这是学习新事物的最佳状态。

当你在学习一件事时犯了很多错误，然后转而学习另一件事，情况会变得更加有趣。你的大脑已经处于一种可变的状态，在某种意义上，你可以通过在第一件事上犯错误来"诱导"大脑学习第二件事。

问题是我们大多数人都做不到欣赏失败的滋味。我们不愿意犯错，比如扔出的飞镖没有中靶，从自行车上摔下来，等等。失败往往让我们感觉自己能力不足，认为要精通某项技能需要付出巨大的努力。显然，没有人希望自己每次都失败，因为那样无济于事。但失败率有一个最佳值，大约是20%，能够让失败变得更容易接受。其中的秘诀在于让失败变得更富有趣味性，将其游戏化。

事实上，电子游戏正是通过这种方式吸引玩家的。它们通过特殊的积极强化和奖励机制，恰到好处地提升多巴胺水平，让你开始享受失败的过程。你甚至可能开始期待失败，因为失败将指引你突破到游戏的下一阶段。关键在于，一旦去除了犯错的负面情绪，你的学习进程就开始加快。

这些游戏也采用了多种其他策略，比如充满变化的奖励计划和赢取奖励的不确定性，这与赌博机以及社交媒体平台采用的策略相似。当然，并非所有这些策略都是积极的，正如一个台湾网吧的案例所示。

02 直觉五则

在这家网吧的众多房间里,数百名玩家戴着高端耳机,与世隔绝,沉浸在《魔兽世界》《最终幻想》《堡垒之夜》和《英雄联盟》等游戏的虚拟世界中。一排排红色的沙发椅托着玩家,面对一排排游戏桌,他们的双手悬在个性化定制的彩色游戏键盘上。房间里的光线虽不如白天那样明亮,但足以让他们保持全天候的清醒。键盘和鼠标的敲击声如同机械蝉鸣,不时被愤怒的挫败呼喊和突如其来的胜利尖叫打断。

当本地警察穿着制服出现时,沉浸在游戏中的众多玩家甚至没有抬一下头,对通常会引起极大关注的现象浑然不觉。网吧员工带着警察到一个角落,那里有一位年轻人僵硬地靠在桌边。他的屏幕仍在运转,蓝白色的光芒照亮了他的脸。其中一个警察检查了这位年轻人,摇了摇头,然后轻声与同伴交谈,其他人都严肃地点头,表示同意。警察随即拉出黄色警戒线,封锁了年轻人所在的那个角落。

附近的几个玩家抬头看了一眼,随即将目光转回到他们自己的显示器和游戏上去。警察惊讶地环顾四周,玩家对死在椅子上的同伴毫不关心。事实上,他已经死了一段时间,在原地僵硬不动几个小时了。

后来的报道透露,死者姓谢,因为心脏问题在几个小时前去世,网吧员工发现他长时间未动,才上前检查。谢姓男子在网吧里已经连续待了三天以上，其间一直没有离开过。

这些全天候开放的网吧为顾客提供食物和饮料，让他们可以一边打游戏一边吃。根据警方的解释，低温和长时间的过度疲惫很可能是他心搏骤停的原因。

一名员工表示，这名男子是网吧的常客，总是连续几天玩游戏。当他感到疲惫时，就会趴在桌面上睡觉，或者躺在椅子上。这就是为什么网吧员工过了很长时间才意识到他已经去世了。

连续多日的在线游戏行为被称为"游戏障碍"。世界卫生组织将这一障碍定义为，对游戏的控制力减弱，不断提高游戏相对于其他活动的优先级，以至于游戏超越了其他兴趣和日常活动，尽管出现了负面后果，仍然继续或加剧游戏行为。在游戏过程中死亡也被称为"玩家猝死"，这一现象比大多数人想象得更常见。

这些游戏为何如此吸引人并令人上瘾呢？显然，学习打赢游戏与其他类型的学习大有不同。当我们大多数人坐下来学习新事物时，并不会立即对这个过程上瘾。你什么时候听说过有高中生因为无法停止学习而连续三天不睡觉？

原因在于，电子游戏通过使失败变得充满刺激和奖励来吸引玩家。这些游戏需要玩家集中注意力、经历长时间的学习以及成千上万次的挫折和失败，玩家一次又一次地"死亡"。但在游戏中,这些失败却是有回报的。我们能够借鉴这一过程来强化直觉训练吗?

你不仅可以通过犯错,还可以通过注意到你犯错的来源,以及你如何以及为何犯错来加速学习。我们已经知道,直觉背后的学习类型是关联性学习,它可以在你无意识的情况下发生。然而,注意到环境中直接导致你犯错的因素和决策的结果,也可以加速学习。

惊讶也是一个关键因素。当你在自认为正确的事情上出错时,你不仅是犯了一个错误,你肯定也会对这个错误感到意外。这些意外的错误会吸引你的注意,立刻让你专注于错误本身,从而清晰地指示你的大脑需要进行哪些调整。惊讶就像是高亮标记——它为你的大脑突出显示了需要加强学习的关键点,帮助你避免未来的意外。

实际上,关于学习有一个重要阶段发生在你停下学习或训练之后。大脑这时开始进入所谓的学习巩固阶段。可以说,在这个过程中,大脑会将你刚刚所学的内容固定在长期记忆库里。这个过程几乎是马上就开始的,而且会在你接下来的夜间休息中继续进行。因此,保证充足的睡眠非常重要,而且在学习完新事物后马上短暂地休息一下,甚至打个盹,也能帮助提升学习效果。我不是说你每次学习新东西后都必须小睡一会儿,但理解学习巩固的概念,以及为什么要在练习后留出空间以促进学习的巩固是有益的。

我们已经看到，学习的时机非常重要。此外，记录你的学习进度也是一个很有效的方法，可以让你见证进步、提升动力和注意力，并因此加强学习。这与电子游戏通过积分、金钱或其他进步奖励来显示进度的方式类似。

关于学习，我想提的最后一个要点是，你可能会过度练习。更多并不总意味着更好。数据显示，过长时间的连续练习实际上可能对学习有害。当你感到疲惫时，你的练习可能变得马虎，技术发挥也会受到影响。关键在于认识到你的认知和注意力资源是有限的，当然还有你的体力资源。这意味着随着时间的推移，不间断学习的效率会降低。例如，你可能发现，在练习的最初半小时，你能够吸收很多知识并快速进步，但如果你继续下去，收益会逐渐减少。

我们很难去定下某个对每个人都适用的黄金练习时长，因为学习受到多种因素的影响，比如你正在学习的内容的性质、你的动力、认知能力和身体条件、以往的经验等。一个普遍的做法是从较短的时长开始，比如 20 分钟，或者对你来说比较合理的时间，如果效果好，可以增加到 30 分钟，然后是 40 甚至 50 分钟。

02 直觉五则

☞ 怎么知道你已经熟练了？

挪威棋坛的传奇，国际象棋大师马格努斯·卡尔森，是那种你一谈起棋艺高手就会联想到的天才。他仿佛就是为棋而活，全身心投入其中。提到精通，毫不夸张地说，马格努斯对国际象棋的掌握已达巅峰。究竟是什么让他能够如此出类拔萃？不妨来看看他参与的一项实验。

马格努斯与英国国际象棋大师及评论员戴维·豪威尔面对面坐在一张棋盘的两边。他们挑选历史名局的一段进行复盘，首先是1960年的世界锦标赛对决：米哈伊尔·塔尔对阵米哈伊尔·鲍特维尼克。马格努斯和戴维面前的棋盘上已经复原了当时的局面。马格努斯一眼便认出，不假思索地说道："啊，这特别像塔尔对鲍特维尼克那局，我想下一步是皇后D5，接着是车A6，塔尔赢了。"

"对。"戴维点头微笑认同。马格努斯不仅立刻认出了棋局，还准确复盘了接下来的棋步。

随后，戴维调整棋盘，展现1987年世锦赛的一幕：加里·卡斯帕罗夫对阵阿那托里·卡尔波夫。马格努斯在棋子摆放完毕前就断言："这很明显是在塞维利亚的第24局。"戴维不禁笑了出来，无奈地放下手中的棋子："你说对了，继续下一局吗？"

戴维这次试图换个花样："我来走一个开局，你认出是哪局时告诉我黑棋是谁。"他布置好棋局，先走了一个白兵，接着是相对的黑兵，然后是白马，接着黑马跟上。这时马格努斯说："我知道了，那是阿南德。"戴维惊讶不已，他仅仅移动了四枚棋子。

"对战谁？"他询问。

"萨帕塔。"马格努斯笑着说。

"哪一年？"

"嗯，87 或 88 年。"马格努斯说。

"对，88 年。"戴维确认道。

然后戴维摆出一局虚构的对局，出自 2001 年《哈利·波特》电影的第一部，哈利与魔法棋的对弈。戴维布局完毕后，马格努斯盯着棋盘。"这可能是'出棋不意'的某局棋。"他提到了一个线上国际象棋学院。

"接近了。"戴维说。

"嗯，我可能需要点提示。"马格努斯表示。

当戴维提示这一局来自娱乐界时，马格努斯说："懂了，黑棋少了后，肯定是《哈利·波特》第一部。"

这令人惊叹的表现是否意味着国际象棋棋手比普通人具备更超群的记忆力呢？其实并不是。如果将棋子随机摆放在棋盘上，让国际象棋棋手和非棋手都来尝试记住布局，前者

02 直觉五则

并不比后者表现得更好。

记忆的奥秘在于，随着对事物越来越熟悉，我们能够更容易地将它们编成模式，或构建成更容易记住的大型复合体。大部分人的短期记忆容量是非常有限的，通常只能短暂保留4到7个信息项。解决办法在于将几个信息项组织成一个连贯模式或单一实体。这样，原本需要记住的比如12个信息项便被整合为1个，释放出其他记忆槽供新信息使用。

棋类高手就是这样做的。他们并非记下棋盘上每个棋子的具体位置，反复回顾直到牢记于心。相反，他们记住的是比如史密斯开局或琼斯布阵——以单个项目的形式来记住棋盘布局。这种方法被称为"组块"，极大地扩大了记忆的容量。它对短期记忆和长期记忆同样有效。

对长期记忆而言，另一个你可能听说过的技巧是记忆宫殿。在心中想象一个地方，比如你家，并在走过房间时在各个位置放置你想记住的物件。这个方法的进阶之处在于使所有记忆项都富有特色和意义，以便于记忆。通过练习这些简单技巧，你可以学会构建一个像马格努斯那样的记忆宫殿。

那么，这种技巧如何与直觉所需的精通度相联系呢？学习本质上是一种记忆形式，当大脑学到环境中各种预测因素与可能结果之间的联系时，这些信息以记忆的形式被存储。然而，正如我们所讨论的，这种记忆与仅仅记住棋子的每一步是不同的。对马格努斯来说，发现自己开始连连赢局时，他可能就意识到自己已经成为一位国际象棋大师了。那么，你如何知道自己已经学习到足够的知识，可以开始信赖并使用自己的直觉呢？

遗憾的是，没有确切的方式可以用来判定你是否已经具备足够的条件。但是，有一个方法可以用来衡量你是否走在正确的道路上，那就是注意意外出现的频率。随着你学习进步并趋于稳定，出乎意料的情况应该会减少。

关键在于，当你训练自己的直觉时，确保满足 SMILE 五准则。深入理解并习惯这些准则，直至它们成为你的第二天性。每当这些准则得到满足，就运用你的直觉，并记录成功率。例如，当你在两家咖啡厅之间做出直觉选择，并且对于这个选择既没有感到后悔也没有特别满足时，你的直觉可能就发挥作用了。换句话说，你的直觉带来的结果没有出乎你的意料。

当然，单个事例本身并不能提供足够的证据，证明你已经足够精通了。但随着时间的推移，如果你在多次运用直觉时几乎没有遇到意外情况，你慢慢就会意识到你已经足够精通了。我们稍后会提到，最好从影响较小的决策开始练习直觉，而不是从改变生活的大决策开始。

还有一个要点：精通是由关联性学习积累而来的。由于关联性学习发生在特定背景中，所以在工作中培养的直觉不会泛化并自动应用到家庭环境中。你需要在具体情境下，练习特定背景中的直觉。例如，在工作中练习以培养与工作相关的直觉，在家中练习以培养与家庭相关的直觉，在体育活动中练习以培养运动直觉等。

随着你对五条直觉准则的运用变得熟练，你可以开始关注做出选择或行动时的内在感觉。跟随这种感觉，然后评估结果，以监测成功的水平。整个过程会变得越来越自动化，而这就是学习的方式。记得你第一次开车吗？每一个微小动作都需要大量努力去做到集中注意力：你一开始会刹车过急，时不时猛地停下，晃得车里的人不舒服。但积累几百个小时的驾驶经验后，你会发现自己不知不觉就开车到家了。那些曾经困难重重的动作现在变得轻而易举，就像走路一样自然。

这展现了大脑惊人的能力。随着我们学习和熟悉新技能，执行这些技能的体验会彻底改变，它们变得自动化甚至无意识。这同样适用于运用直觉。

1
按兵不动

不要将冲动的欲望误认为直觉的洞察力

☞ 别把本能当直觉

让我们的思绪回到 2020 年初,那时新冠疫情正席卷全球。这场疫情把我们每个人都卷入了一个未知的旋涡中。是不是我们每个人都将面临重病或死亡的威胁?是不是所有的一切都将暂停运转?在刚刚经历了东海岸灾难性的丛林大火之后,澳大利亚已经是人心惶惶。我们对未来一片迷茫。

正是这种不确定性,使得曾经堆满了厕纸和意大利面的超市货架被一扫而空。接着,争夺最后几卷厕纸的斗殴视频开始在网上疯传。撕扯、拳打脚踢、尖叫……这就像《搏击俱乐部》的现实版,或者新年前夜的酒后乱斗。

接下来呢？是食物短缺，还是缺水断电？我的妻子在委内瑞拉长大，不同于我，她亲身经历过食物、药品和电力的短缺，对这种情况格外重视。而我，则没有感受到这些事情可能带来的严重威胁。这就是不确定性的特质——对每个人的影响不尽相同。有些人因为对未来一无所知，或者对当前形势缺乏明确认知，而被不确定性吞噬，从而激发了大脑中的恐惧中枢。实际上，我们这些灵长类动物对不确定性的恐惧是与生俱来的。

因为这种天生的恐惧并不是从环境中习得的，所以有时它可能会与我们身处的环境不相匹配。面对不确定性，我们的大脑就像突然遇到了有毒的蛇或蜘蛛一样做出反应。尽管每个人对不确定性的感受各不相同，但对未来的未知仍旧让我们大多数人心生恐惧。心理实验表明，我们甚至对看不清的图像感到不适。只需用图像处理软件对一张照片进行模糊处理，大多数人就会觉得这样的图像让人不舒服。人们不喜欢面对模糊不清、含糊不明的事物。这种对不确定性的本能恐惧，以各种方式削弱了我们的决策能力，比如使我们规避风险或做出决策的能力下降。

现代世界充斥着的不确定性，丝毫不亚于早期智人时代：新型病毒、气候变化、战争、人工智能……这种对未知的根深蒂固的恐惧，让生活变得举步维艰。正因为我们对不确定性的厌恶,比如,我们宁愿等待一个延迟时间明确的航班,也不愿意在不知道要等待多久的情况下短暂地等待。不确定性使得短暂的等待变得更加痛苦。优步的成功在很大程度上归功于他们创新性地减少了出行的不确定性。在优步出现之前,你可能会站在街角,不知道什么时候才能等到一辆出租车,也不知道费用是多少,行程是多久。优步消除了这些不确定性以及随之而来的恐惧和不适。

在这个被技术主宰的世界里,我们的本能和天生的反应在面对日常生活中随时出现的不确定性时,经常显得力不从心。面对这种情况时,我们往往会回归最原始的状态,被恐惧支配,感到焦虑,甚至恐慌地抢购超市的商品。

但如果我告诉你,在现代世界中,拥抱不确定性其实可以成为一种强大的优势,你会信吗?

克服对不确定性的恐惧,第一步就是要明白,你所感受到的恐惧并非从环境中习得的,它不是你的直觉在告诉你周围环境中存在危险。更准确地说,这种恐惧是一种遗留下来的进化产物,在过去,不确定性往往关系到生死。一旦你理解了这一点,就会有实用的方法来学习如何克服这种恐惧,让你的神经系统适应它。

实现这一点,不仅能够为你开启新的大门,让你拥有更高的生活质量和改善身心健康,还能够提升你的创造力水平,甚至是直觉。你对未知的恐惧，并不是直觉在告诉你某件事不对劲，而是一种本能，而本能是与生俱来的。与之相对，直觉是后天学习和适应环境的结果，它会根据你的环境而做出适应性的改变。

在 SMILE 模型中，"I"代表冲动和成瘾，冲动是我们与生俱来的反射反应。它们并非像直觉那样，是通过学习获得的，而是根植于我们的本性之中，因此我们不应该将本能与直觉混为一谈。在动物王国里，本能占据着王位。例如，三文鱼逆流而上去产卵；鸟类跟随看不见的力量迁徙数千里；新生的海龟出壳后本能地爬向大海，数年后又返回到同一地点。但在人类复杂多变的世界里，本能、反射和直觉之间的界限变得模糊。为了在这个错综复杂的迷宫中找到出路，我们必须明白它们之间的区别以及它们在我们生活中的作用。

首先来说本能。即使是婴儿，咬到柠檬时嘴角收紧和眼睛眯缝也是一种本能反应。我们带着对某些味道和气味的天生反应来到这个世界，这些反应使我们避免食用有毒物质，以此来保护我们。

而反射是身体对刺激的自动回应，保护我们免受伤害。它们是直接编码在我们的神经系统中的简单、迅速的反应，比如手碰到热表面时会本能抽回，鼻子里有颗粒物时会打喷嚏，或者膝盖下方被轻轻一敲时会发生膝跳反射。这些反射发生时无须意识控制,而且对我们在这个充满潜在危险的世界中生存至关重要,但它们并非直觉。

尽管本能和反射是遗传决定的,并代代相传,成为我们DNA 的一部分,但它们往往不适应现代世界。世界变化迅速,但我们的本能却难以跟上,而直觉因为容易与环境适配的特性,完美契合我们的当代生活。尽管我们的直觉能力也是天生的,但如何将直觉应用于决策,则需要通过不断积累经验来学习。直觉能够即时反应,持续地根据我们周围环境的变化进行自我调整。

当我们混淆这两者时,问题就出现了。本能与直觉可能在感觉上很相似,我们因此容易将其中一个误认为另一个。事实上,许多文章和图书都将这两个词混用。但我们的本能和反射可能已经严重过时,记住这一点非常重要。

我们不应该将直觉与过时的本能混为一谈,有另一个例子可以说明:我们天生对舒适的追求。想象一下,你是一个早期的人类祖先,在寒冷的冬天中努力寻找下一顿的食物。你在雪地上艰难地前行,身上发抖,牙齿打战。刺骨的寒冷让你的脚趾都麻木了,每次呼吸都像在吸入玻璃碴子。快进到今天,我们中的大多数人在温暖的房间里舒舒服服地品味着拿铁,对超高清电视的 Wi-Fi 信号不够强而感到不满。

请别误会我的意思,集中供暖绝对是一项伟大的发明,我并不是说我们应该抛弃它，回到史前的生活方式。但是，我们的身体经过了千百年的演化，是被设计出来应对那些寒冷清晨的。我们体内有一种产热机制，一种遇到寒冷时启动的内置火炉。而且我们的身体在极度炎热时还会产生有益健康的热休克蛋白。然而，因为我们天性中对舒适的追求，我们将这些本能反应外包给了技术。

从某种意义上讲，我们正在用金钱让自己变得更加脆弱。我们对舒适的执着意味着我们忽略了寒冷和炎热带来的好处。科学证明，接触寒冷能够提升情绪，提高免疫力，甚至有助于燃烧脂肪。此外，数百万人正在享受定期桑拿带来的益处，科学研究也表明蒸桑拿时的温度变化体验能带来不少好处。

那么，为什么我们会逃避不适的感觉呢？我们对舒适的渴望是根深蒂固的，这是我们的本能。在遥远的时代，这种本能毫无疑问是能救命的。但在今天这个充满便利和富足的世界里，对舒适的过度追求已经将这一曾经的保护性冲动变成了无法适应新环境的因素。因此，下次面对不确定性或不适的时候，记住，拥抱未知，与不适共存，而不是盲目遵循你的本能。只有这样，你才有足够的能力去应对当今这个瞬息万变的世界。

学会在不确定性中成长，直面困难和不适的挑战，无所畏惧地活在其中，能够使你在现代社会中拥有战略上的优势。

通过区分你的本能、反射和直觉，你可以更好地适应并在一个由技术和快速变革主导的时代中快速成长。记住，本能不等于直觉。

👁 暴饮暴食并非直觉

深夜，你慵懒地窝在沙发上，那股熟悉的渴望突然袭来。它强劲如飓风，让人无法抗拒。你挣扎着从沙发上站起来，摇摇晃晃地走向厨房，转眼间，你已经手拿冰激凌了。何必用碗呢？直接用勺子挖吧——生命如此短暂，岂能浪费时间在这些小事上。那勺子轻松划过，雕刻出的巧克力旋涡优雅迷人，接着是那浓郁的味道！雪糕在舌尖上融化，那冰凉的质感仿佛世上最甜美的雪花。你毫不犹豫，一勺接一勺，把冰激凌雕成一尊好看得可以拿奖的冰雕杰作。

内心深处有个声音告诫你该停止了，但你又吃下一口，顺便将它淹没。你的身体知道自己需要什么，不是吗？这股冲动肯定有它的道理。因此，你继续享用冰激凌，沉浸在那种纯粹的放纵带来的满足感中。不知不觉，整个冰激凌桶都空了，你又一次舒服地躺回沙发，感到心满意足。

半小时后，新的饥饿感悄然袭来。你准备好迎接第二波了吗？那肯定。这一回，轮到巧克力饼干了。你已经给自己开了绿灯，听从身体的渴望，吃下它想吃的一切。

有一种被称为"直觉饮食"的理念，它鼓励人们尊重自己的饥饿感，不再为吃得太多而烦恼。它提倡与食物和解，并给自己随心所欲地享用美食的自由。

吃下那些冰激凌和饼干，感觉真的很棒，对吧？这种内心的渴望很自然，顺应它就像做了正确的决定。你尊重了自己的饥饿感，与美食和解。你已经把脑海中那些"这东西不好，不要吃"的声音赶跑了。

但是，这些渴望接连不断，而且越来越强烈。这真的算是直觉饮食吗？在现代食物被设计得如此容易上瘾的情况下，这种做法真的明智吗？

这些根深蒂固的渴望，很容易就让我们联想到其他无法抗拒的冲动，比如频繁查看手机，刷遍社交媒体。不假思索地走向厨房，变成了机械性地伸手去拿手机。不知不觉中，你的视线被屏幕牢牢吸引，拇指不停地向上滑动，贪婪地浏览着一张张精美的图片。这感觉如此正确、自然、直观，就像你屈服于对食物的渴望一样，你给自己无限的自由，去尽情地刷。

然而，强烈而不可抗拒的渴望，其实是直觉的幻觉。许多物质和行为，包括酒精和过度使用社交媒体，都能激发这种渴望，它们钻进我们大脑的奖励系统。让人后怕的是，这些渴望可能导致成瘾，让我们觉得除了追求它们所带来的满足感外，似乎一切都失去了意义。它们带给我们快乐，甚至改变了我们大脑的化学构成和连接方式。如果我们将对现代食物、香烟、酒精或社交媒体的这些渴望误认为直觉，我们可能会走向成瘾的道路。对这些东西的渴望，并不是直觉，认识这种区别至关重要。

直觉是一种微妙的感觉，通常源于多年的经验，使得我们能够越来越熟练地认识到环境和可能的结果之间的联系。虽然渴望与直觉在某些时刻可能显得相似，但它们本质上是截然不同的。

☞ 渴望、上瘾与直觉

我们的渴望与直觉一样，源于我们内在的感知系统，即内感受过程。没错，那个控制我们的渴望、指引我们穿越成瘾迷宫的系统，与直觉共享同样的架构。听起来或许有些反直觉，但指引我们瞬间做出决策和诱导我们再咬一口饼干的，实际上是同一套机制。这两者都基于学习。

然而，极度愉悦的体验，如甜食、尼古丁、运动后的内啡肽释放、可卡因、性行为等，可能会劫持这套学习系统。此时，多巴胺登场了。多巴胺是大脑运作的关键，是一种化学信使，指导我们的细胞和我们自己的行动。与内啡肽不同，多巴胺是神经递质中的佼佼者，擅长促成任务完成，尤其是那些关乎享乐和动机的活动。吃下一片蛋糕、赢得比赛、期待与朋友相聚，都是多巴胺推动下的行为。它好比踩在油门上的脚，驱使我们追逐那些诱人的体验。

食物和性能让你的多巴胺水平提升150%到200%，而可卡因这类药物能使其提升500%，安非他命则能提升1000%。（当然，这些药物对大脑的影响远不止于此，它们还能以多种方式导致成瘾，比多巴胺更厉害。）这些愉悦体验对大脑的影响，远超过直觉学习过程中的正常范围，两者根本不在一个量级上。因此，它们对我们建立直觉、通过更好的决策改善生活的目标并无直接帮助。

这些高回报体验引发的渴望，与你"直觉"地感受到的体内正面或负面的感觉是不同的。渴望主要是大脑学习系统的产物，这一点与直觉类似。但与直觉相比，渴望通常意味着更极端的感受，比如跳伞、潜水、与鲨鱼共游这些极端体验。

而且，渴望带来的通常是极其正面的感受，或至少给人这样的感觉。它们对你的吸引力极强，让你的渴望越来越多。

试着把这些高回报行为当作被类固醇激发的直觉。就像使用激素一样,这些高回报行为也可能带来不良后果。你的大脑逐渐习惯了这些体验带来的多巴胺高潮,它们成了新常态。因此,你对它们的依赖越来越强,这一过程被称为"成瘾"。尽管这些渴望的感觉极其自然而且重要,但它们会越来越强烈,导致你的需求量越来越大。满足这些渴望并不会带来更明智的决策或更美好的生活。沿着成瘾的道路,大脑被重塑,渴望持续获取多巴胺和其他化学物质的冲击。每一次冲击,大脑产生多巴胺的自然能力都在减弱,使你感到乏味、缺乏灵感和动力。

那种想要再抓起手机,看看社交媒体上有没有新消息的冲动,那真的是直觉的信号吗?有时候,这些渴望的逻辑看起来似乎也像直觉。也许你的大脑捕捉到了之前帖子的微妙线索,并预测你的帖子将会爆火。你最好查看一下,对吧?你怎么知道那是直觉还是对多巴胺刺激的渴望?

辨别的关键在于渴望的强度,因为直觉中最强烈的通常是负面感觉。例如,乔恩·缪尔在珠峰上的那种沉重、恶心的感觉。而对上瘾物品的渴望几乎总是以某种正面的吸引力出现。

大脑有时很古怪。正如我们所见,面对正面事物和负面事物时,大脑对负面事物的反应通常比对正面事物的反应更强烈，而这就是大脑的工作方式。经过长期进化，大脑对具有潜在危险的负面事物有更强烈的反应，因为这可能更有助于我们生存。错过抚摸一朵花或一只小狗可能让人感到遗憾，但没注意到一条扑向你的蛇可能意味着死亡。也就是说，直觉中的正负面感觉是不平衡的。负面情绪更能推动学习，因此在训练直觉的过程中，我们会更频繁且更强烈地感受到它们。

渴望和成瘾遵循的是不同的节奏。在成瘾的节奏中，我们不是被强烈的负面情绪所推开，而是被强烈的正面情绪所吸引并牵着走。

所以，下次当你对某件事感到强烈的渴望，当你发现自己极度向往它，感觉获取它就像是一场大胜利，仿佛这是世上唯一重要的事，请按下暂停键，并花点时间反省。很可能，你所感受到的并不是直觉微妙的指引，而是某种会让你上瘾的事物在拉扯着你。这是一种伪装出积极面貌的海妖，它的歌声并不会引导你通向直觉的安全港湾，而是诱惑你前往成瘾的险恶暗礁。

然而，值得一提的是，这个规则有几个例外。第一个例外是爱情，在爱情最纯粹的形式中，它能激发强烈、真实且深刻的情感。某人的强烈吸引力可能令你神魂颠倒，而直觉在这种磁性吸引中起到的作用是合情合理的。因此，前面提到的基本规律并不完全适用于情感问题，情感世界的复杂性和精妙性可见一斑。同样，性也可能导致上瘾，性成瘾是实实在在的情况。但这并不意味着我建议你避免性行为，因此我们也可以将其视为第二个例外。

第三个例外是体育活动。许多定期锻炼的人会产生对锻炼的渴望。这往往与内啡肽的释放有关：这是大脑中的肽类物质，充当自然止痛剂和情绪提升剂。对锻炼的渴望可能是一种促进身体健康的良好习惯，但也可能成瘾，被称为"运动成瘾"或"强迫性运动"。这是一种对健身和锻炼过度着迷的状态，常常以牺牲身心健康为代价。这种情况相对罕见，但也可能导致严重后果。

第四个例外是社交互动。人是社会性动物，许多人天生就渴望社交，这是健康的渴望。这种吸引力不遵循常规逻辑，因为社交联系能显著带来情感方面的积极作用。同时，很多从事创意行业的人描述，他们对创作的热情几乎就像上瘾。视觉艺术家表示，当他们在画画、雕塑或作图时，会进入一种恍惚的状态。这种全神贯注的体验，由于其强烈甚至压倒性的牵引力，类似某种成瘾。

总结一下：就像本能可能被误认为直觉，冲动和成瘾也一样会被误认为直觉，但这些概念是不能互换的。你需要注意那些可能冒充直觉潜入你意识的渴望，并确保你不会错误地将这些渴望行为解释为直觉,并以此为借口,替自己屈从于渴望的行为开脱。要学会区分它们的差异,并在运用直觉时识别它们。

☞ 失效的指南针:成瘾了就别用直觉

研究表明,和一般人相比,有物质成瘾或行为成瘾(如赌博)的人在决策方面会表现出明显的差异。以2010~2014年担任多伦多市长的罗布·福特为例,2013年底他似乎经历了一段艰难时期,有几段视频证实了这一点。

一段视频捕捉到他通过管子吸食可卡因的画面。另一段则是他在一众记者面前承认吸食可卡因,但否认自己成瘾。还有一段质量不佳的视频显示,他身着正装,在一个会议室里激动地挥舞着拳头,好像在对着空气打一个想象中的人,口中还威胁说:"我要撕开他的喉咙……我要挖出他的眼珠子……弄死他!"这些令人尴尬的视频被曝光之后,福特向多伦多市民公开道歉。

但事情并未就此结束。更多的视频显示他否认有成瘾问题,对自己的行为及选择似乎毫无自觉。在一个视频中,他坚称自己只是个普通人,但他却对着青少年学生说粗话,对媒体发表不当言论，而且似乎对自己的行为毫不在意。一段又一段的内容引起了媒体的广泛关注，甚至成为美国深夜脱口秀节目的素材。

这是怎么回事？在较短的时间内，福特的行为和决策似乎突然变得糟糕了。福特在卸任仅两年后，即2016年去世。他接连的否认、糟糕的判断和鲁莽的决策明显是患有药物、酒精和/或行为成瘾的迹象。

心理学家和神经科学家通过多项实验研究了成瘾对决策的影响，其中包括两种主要类型的决策实验。一种是延迟贴现任务，涉及我们几乎每天都会遇到的决策，比如选择现在吃健康的长期看来更有益的食品，还是选择立即享受美味但不健康的食物。

具体的实验问题可能是，你是愿意今天拿到20美元[①]，还是6个月后拿到50美元？为了弥补等待更长的时间给更多的钱。如果你现在就想拿钱，你可以用这些钱买东西，然后享用这些东西，不用等。毕竟，谁也不知道6个月后会发生什么。在有成瘾问题的人当中，我们看到他们更倾向于选择立即拿钱。换句话说，他们更倾向于即时奖励，表现出冲动行为。要让有成瘾问题的人选择长期选项，需要提供更大的金

---

① 1美元≈7.25元人民币。——编者注

钱诱惑。

另一项研究成瘾对决策影响的实验涉及赌博任务。参与者被要求从四组扑克牌中选择一张，每次选择后，他们都下注这张牌能赢，但赢的概率由计算机控制，每副牌赢的概率各不相同。有些牌组相对安全，平均而言小赢较多，而另一些牌组则风险较高，偶尔能大赢一次，但亏损也巨大。

成瘾者更倾向于选择高风险的牌组，并在遭遇大额亏损后继续坚持他们的选择，这与非成瘾者形成鲜明对比。这一发现似乎不足为奇，我们都能猜到，但要证明这个结论的科学性，则必须在受控的实验室环境下进行验证。实验结果表明，成瘾者并不像非成瘾者那样能从消极结果，即大额亏损中学到教训。他们似乎对亏损的反应没有那么敏感。

有趣的是，这种决策差异不仅体现在行为上，还有证据表明成瘾与大脑结构和功能的变化有关。关于决策和成瘾之间进一步的关系，目前科学家也尚不完全清楚这些行为或大脑的差异是否先天存在，从而使个体更容易成瘾，还是反过来，即成瘾导致行为和大脑的变化。或许两者都有。

有成瘾问题的人还难以将他们的身体情绪反应——内感受——与他们的有意识情绪相联系。在这一领域仍有大量的研究工作待做，神经科学家尚未直接测试有成瘾问题的人的直觉能力。但根据现有数据，我们可以说，在成瘾期间，决策能力通常是受到消极影响的。

如果你已经对某种物质或行为成瘾，那么请不要试图依赖你的直觉，这时候的直觉很可能无法正常运作。你的决策将更加冲动，你的情绪也无法积极地帮你决策。你可能对当前情况有更强烈的反应，而对潜在的负面后果视而不见。

但是，习惯能算上瘾吗？我们是否都对我们的社交媒体上瘾了？对咖啡上瘾了？本书无法详尽探讨成瘾的诊断问题，但一般而言，成瘾的临床定义包括"慢性复发性障碍"，以及对社会、心理和身体健康的干扰。如果你担心自己可能有成瘾问题，则应当寻求专业帮助。

总之，本能和直觉是不同的。前者是天生的，因此有时可能与环境不适配，比如对不确定性的恐惧。渴望和成瘾也可能看起来很像直觉，但它们并不是直觉。如果你正在经历成瘾，那么请不要尝试培养或运用你的直觉。

L
愿赌服输
别用直觉代替概率

☞ 令人恼火的综艺

研究表明，人类在处理概率问题方面表现得并不出色。我们的大脑不像计算机那样处理数字，也不像体验咖啡的味道或香气那样直观地感受数字。下面的例子可以证明这一点。

让我们回到20世纪70年代美国游戏节目《我们做笔交易吧》的现场。随着音乐响起，观众欢呼雀跃，挥舞着闪亮的自制标语牌。观众打扮成外星人、水手、啦啦队员、小丑、小矮人以及你能想象到的任何角色。现场像万圣节派对。

主持人蒙提·霍尔登场，欢呼声和尖叫声更加响亮。他从观众中挑选了一位穿着香蕉图案衣服的女士。她兴奋地站起来，说话都有些结巴。一位助手推着装有 3 个盒子的小推车进来。

蒙提说：“这 3 个盒子分别标着 A、B、C，其中一个盒子里放着那辆全新 1975 年款林肯大陆车的钥匙。”他指着舞台上的一片天鹅绒帘子，帘子升起，展示了那辆闪亮的红色汽车，那辆车当时价值 11 000 美元（按今天的价值约为 55 000 美元）。在灯光下，汽车闪闪发光，观众狂热不已。"其他两个盒子是空的，"蒙提说，"如果你选中了装有钥匙的盒子，这辆车就是你的了。"

他指着观众面前小车上的 3 个盒子。参赛者紧张地吸了口气。"选择这 3 个盒子中的一个。"蒙提说。

她忐忑不安地选择了 B 盒，蒙提提出用 100 美元买下这个盒子。当她拒绝后，他提高到 200 美元。观众大声喊着不要。

蒙提说：“记住，你的盒子里装有车钥匙的概率是 1/3，空盒的概率是 2/3。”

当参赛者拒绝了他随后提出的 500 美元时，他说：“好吧，我帮你个忙，打开桌子上剩下的一个盒子。”他打开了 A 盒，里面是空的。欢呼声和尖叫声更加狂热。

蒙提继续说：“现在，C 盒或你的 B 盒中有一个装有车钥匙。我给你 1000 美元现金购买你的盒子。”观众发出疯狂的尖叫声："不，不！"

"不，谢谢。"穿着香蕉图案衣服的女士现在真正融入了现场气氛中。

蒙提说："好的，最后一次机会，你想把你的 B 盒换成 C 盒吗？"

这次观众安静下来，小声嘀咕。参赛者紧张地坚持自己的最初选择，接着她和蒙提一起打开盒子，里面空空如也，没有钥匙。她双手抱头，身体前倾，就好像肚子上被打了一拳。然后她沮丧地跳起来，懊恼不已。她做出了错误的选择。

在那种情况下，你会怎么做？

让我们来分析一下这个问题。有 3 个盒子，车钥匙在其中一个里面。你不知道是哪一个，但主持人蒙提知道。一旦你选择了一个盒子，他就永远不会打开装有钥匙的盒子，因为那会破坏游戏。问题是，你应该坚持原来的选择还是中途更换盒子？

想象一下在你面前有两个盒子。如果你和那个不幸的参赛者（实际上，大多数人）一样，那么你会坚持最初选择的盒子。剩下两个盒子，有钥匙的概率是 50% 对 50%，对吗？错。从统计学角度来看，为了赢得这个游戏，你应该换盒子，并且每次都换。

对几乎所有不是统计学家的人来说，理解这个游戏中的概率都是困难且令人沮丧的。那么让我来解释一下，这正好说明我们在理解概率方面的不足。我保证，我的解释不会让你感到一头雾水。

游戏开始时有3个盒子，你选到钥匙的概率是1/3。一旦你做出选择，钥匙在其他两个盒子中的概率就是2/3。当主持人打开你没有选择的一个盒子（这个盒子总是空的）时，原本覆盖在你没有选择的两个盒子上的概率现在集中到剩下的那个盒子上。那个盒子里有钥匙的概率现在是2/3。换句话说，比你最初选择的那个盒子的可能性大一倍。因此，参与这个游戏时，你绝对应该换盒子。

这个问题现在被称为"蒙提霍尔问题"。网上有数以百计的解释、视频、博客和统计讨论，试图解释这个问题。自20世纪70年代以来，这个问题一直困扰着人们。但为什么答案总感觉不对呢？

当我们面对这样的概率快速决策时，我们通常会凭感觉得到一个答案。有些人可能会说我们凭直觉得出答案，但那并非直觉。由于我们的大脑不擅长处理这类概率问题，我们往往会做出错误的判断。换句话说，这又是一种误直觉的情况。这就是为什么SMILE中的L代表低概率——我们在面对概率思考时，尤其是低概率问题时，绝不应依赖直觉。比如考虑气候变化或吸烟对健康的风险，如果没有仔细审视数据，理解这些问题中的概率会很困难。正如我所说，我们的大脑并不擅长处理数字。

还不信服吗？这里有另一个例子。你认为需要邀请多少人参加聚会并实际到场，才有50%的概率有两人是同一天生日？考虑到一年有365天，你脑海中浮现的数字是多少？300？1000？我敢打赌你想不到是23，但事实上这就是正确答案。

我听到你在低声嘀咕，这不可能。确实，你的生日与其他人相比只有22种可能的组合，但重要的不是这个，重要的是将每个人的生日与每个不是你的其他人的生日进行比较。第一个人与其他人可以有22次比较，然后第二个人因为已经与第一个人比较过了，所以比较次数减少一次，为21。第三个人有20次比较，以此类推，直到你把所有这些数字加起来。这给我们总共提供了253种组合。我们无法在心里一下子想象到这个计算过程，因此我们在理解概率时失败了，只是考虑了自己与群体中其他22个人的比较。

正如我所强调的，我们人类就是不擅长处理概率问题。我们倾向于依靠启发式思维——一种帮助我们快速做出决策的心理捷径或经验法则——基于经验和情感的感觉或本能。心理学记录了很多我们在理解概率思维方面的失败案例。如果我们坐下来用笔和纸仔细推敲一个概率问题，最终可能会理解它。但我们不可能立刻完成这一任务，尤其是在最需要迅速做出决策时。

启发式思维经常与直觉混淆，但它们也是不同的。启发式思维是一种简化策略，减轻了当下决策的负担。它并不保证我们能做出正确的决策，但确实大大减少了做决策所需的时间和认知负担。我最近注意到一个启发式的例子：某个咖啡厅一到夏天就会把所有的落地窗打开，你可以轻松地直接进出，然而，每个人仍然选择开门进出。这里的启发式思维将门当作进出的标准方式，即使有更简单、更快的方法可用。

另一种与决策相关而且经常与直觉相联系的认知理论被称为"系统1"和"系统2"理论。该理论提出，我们有两种主要的决策方式：系统1快速运作，几乎不需要有意识地努力，经常依赖心理捷径或启发式思维。系统2是深思熟虑的、分析的、有逻辑的思考模式。心理学家丹尼尔·卡尼曼在他2011年的书《思考，快与慢》中普及了这一理论，并且将所有与无意识决策有关的内容归入系统1，有人把这个系统1与直觉联系起来。也就是说，它将许多非常不同的认知过程（启动效应、认知偏差、视觉错觉、关联性学习、直觉等）归入同一个类别，这既混乱又不科学。

许多认知偏差会诱发我们迅速做出导致我们误入歧途的

决策，比如前面那个开门的例子，其实开门进出是完全不必要的。我们对概率的理解不足往往会导致错误的判断，尤其是当我们没有认真和有意识地审视数字时。这时我们的本能会迅速促成决策，而不会进行太多思考。成瘾和情绪化思维也会在我们没有经过深思熟虑的情况下促使我们快速决策，而系统1将所有这些不同的过程混为一谈。但它们各有不同的特点和机制，与本书定义的有实际和积极作用的直觉截然不同。

将所有这些截然不同的过程统称为系统1或直觉，对决策来说是危险的，因为它没有区分哪些过程有助于决策，哪些过程会阻碍决策。换句话说，它没有说清什么时候运用直觉是安全的，什么时候不是。

历史上，心理学界对于直觉在决策中是好是坏有很多争论。部分原因是人们将各种不同的大脑过程归为一类，混淆了概念。直觉领域需要一个更详细、更细致的理论，这个理论要能够区分所有这些不同的大脑过程，并提供更具体的决策建议。

☞ 对鲨鱼的恐惧不是直觉

在杰瑞·宋飞的一个经典脱口秀中，他谈到了人们最畏惧的事物。据说，人们最害怕的并非死亡，而是公开演讲。据他所说，在葬礼上，多数人宁愿是那个躺在棺材里的，也不愿是那个站出来致悼词的。

这段话不仅引人发笑，更揭示了一个深刻的真理：我们害怕的往往不是那些最有可能伤害或者杀死我们的事，而是其他事。即便我们清楚不同事物带来危险的概率，我们的恐惧依旧与其概率不符。

设想你正轻松地在海水里漂浮。接着，海滩渐渐出现在你眼前，有的人躺在沙滩上晒太阳，有的人在浅水区戏水。你模糊地听到了某种声音，像是有人在喊叫。你快速转头，想看看发生了什么。你看到有人挥舞着双手，尖声呼救。他们在喊什么，你听不清楚，因为风很大。接着，你看到一道黑影在你身下的水中游动。那是什么东西在游，还是光影的错觉？你急忙低头，想要看个究竟，却什么也看不清。

你迅速回头看了一下海滩。那边的人现在是真的在尖叫着、跳着，而且挥动着双手。该死，他们在喊什么？不会吧，但是，没错，他们确实在喊"**鲨鱼！**"。你立刻调转方向，急忙朝海滩游去。

有什么硬物撞到了你的脚，感觉粗糙得像砂纸。这次，黑影再明显不过，那个生物就在你下方。你气喘吁吁，海水溅到脸上，让你几乎窒息。你不知从哪来的力量，猛地将手臂拍入水中。你被一种狂乱的自保本能所驱使，此时此刻，除了逃向安全的海滩，一切都显得无关紧要。

然后是猛地一击，就像被汽车撞上一样。那股力量极其强大，你本能地伸手下去，试图抓住任何能抓到的东西。接着，你被卷入水下，像是在巨大的洗衣机中翻滚、旋转。你拼命挣扎、踢打、捶打、抓挠，并尽力抓挠你能触及的一切。

如果这段描述让你感到心跳加速，还请原谅。当我们阅读这类内容时，往往会在脑海中构建出事件生动、逼真的画面，这些画面会激发强烈的恐惧反应。我们在实验室进行过类似的实验，在黑暗的小房间里让参与者通过电脑屏幕阅读类似的恐怖场景，同时监测他们的生理反应。我们发现，如果某人拥有丰富的心理画面（想象力），这个人对这些场景的情绪反应也同样强烈。然而，如果你有所谓的"心盲症"——脑中无法形成视觉画面，那么一般来说，阅读恐怖故事就不会引起太多的生理反应。

当我们的大脑构建关于恐怖场景的生动图像时，就仿佛在欺骗大脑的其他部分，使它们认为这些场景正在发生。这些生动的画面会激活大脑中负责恐惧和其他情绪的边缘系统。这意味着，当某件事很容易想象时，在其他条件相同的情况下，我们更容易对其产生强烈反应。

因此，我们往往害怕那些容易想象的事物，而不是那些在概率上真正威胁到我们的。我们对这些容易想象的事物的担忧也会比那些实际更可能伤害我们的事物更为严重。这再次证明了我们对概率理解的不足。

因此，下次当你发现自己在担心飞机失事或鲨鱼袭击这类容易想象的事情时，记住，这不是你的直觉在指引你。如果可能的话，把这种担忧放在一边，看看相关数据。与鲨鱼相比，你死于闪电、曝晒或烟花爆竹的可能性要大得多。

这对直觉意味着什么呢？如果你对飞机失事、鲨鱼或恐怖袭击有强烈的恐惧，那么你就不应该将这些由生动影像引发的恐惧与直觉混为一谈。这种恐惧，就像成瘾时的身体感觉一样，让我们容易联想到直觉，但它并不是直觉，它会诱使你忽略这些事情实际发生的低概率。所以，涉及容易想象，也容易因此引起恐惧的事情，你需要避免运用直觉做决策。

那么我们应该担心什么？如果从概率的角度来看待这个问题，或许我们应该关注不同原因致死的概率。世界卫生组织数据显示，心血管疾病是全球人口死亡的主要原因。我们中有多少人在担心心脏病呢？也许有些人会担心，但相比之下，我们可能更担心别人如何看待我们，担心工作，担心蜘蛛、蛇或者从阴暗的水域中突然出现的大白鲨，或者更担心在公众面前演讲。

☞ 怎样才能每次都赌赢

以下这个例子展示了我们的大脑在处理概率问题时的缺陷，这次的故事发生在英格兰。哈季沙，一位单亲妈妈，为了维持生计打两份工。一天，她收到了一封电子邮件，邀请她参加一部纪录片的拍摄，关于一套百试百中的赛马预测系统。这听起来像骗局，对吧？但邮件中附带了第一个神秘提示，预测一匹名叫博兹的马会赢，还要求哈季沙不要下注，只需观察这匹马在接下来的比赛中的表现。这是对系统的一个无风险测试。

哈季沙后来在家中观看比赛，博兹赢了。她开始觉得有点意思了。

接着，哈季沙收到一个装有摄像机的包裹（那是2008年，当时手机摄像头还不普遍），她需要用它来记录自己观看比赛、下注，以及赌赢的过程，她被告知这些画面将成为纪录片的一部分。

下一匹马，名叫"束紧带子"，哈季沙在比赛前24小时收到了提示：这匹马会赢。尽管这匹马并非热门，但"束紧带子"最终还是赢了。这一次，哈季沙用自己的钱下了注，并赢得了28英镑。到目前为止，两次尝试，成功率为100%。当第三个提示到来时，哈季沙再次下注，并在赌马店与其他赌客一同观看了比赛。她把 20 英镑押在汤顿·布鲁克这匹马上，尽管这匹马的赔率为 18:1，它最终还是赢了。哈季沙跑到收银窗口领取了她的奖金——360 英镑。

第四匹马也赢了，当哈季沙收到第五次预测时，她前往赛马场亲自观看比赛。每次，赛马的名字都在比赛前 24 小时发给她。录像显示了她的状态从紧张转为失望、怀疑，最后变成恐惧，因为她的马一直处在倒数第一的位置。但在最后的跳跃中，领先的马落地时被绊倒，导致其他马相继跌倒。唯独活泼的乔，哈季沙所押的马，顺利完成比赛，成为无可争议的赢家。解说员惊呼："这简直难以置信！"哈季沙也感到难以置信，但她已经连续 5 次赢得比赛了。

当天，哈季沙被邀请见到这一预测系统背后的神秘人物。在赛马场的一个私人房间里，她见到了坐在桌旁的达伦·布朗。这位著名的英国心理魔术师和作家，拥有多个电视节目和舞台演出的经验。哈季沙立刻认出他来，并显得非常震惊。她知道他喜欢对人施展心理诡计。

尽管如此，她仍然听他解释，说他的赌马系统是绝对可靠的。然后他让哈季沙在收到第六场比赛的提示时，押很多钱下去，因为她是不会输的。

他说："你去筹集几千英镑，然后我就告诉你这套系统是如何运作的，至于你以后要不要继续用，那是你的事。筹集这笔钱很不容易，你可能会选择放弃，但我会教你怎么用这套系统。"

哈季沙被说服了。只要大赢一场，她的生活就能从此改变。但她手头并没有足够的现金，因此她向父亲求助，她父亲对此持怀疑态度，但最终还是决定借给她 1000 英镑。钱还是不够，她又从一家快速贷款公司借了更多的钱。最后，她总共筹集了 4000 英镑。

回到赛马场，达伦确认了要赌的马：第二号，名字是"情定迈阿密"。他提出代她下注，说这次不想让她知道自己会赢多少钱。她紧张地拿出一大沓现金递给了他。达伦再次确认她是否真的准备好这么做，然后就去下注了。

当他带着可能会赢的赌票回来时，他开始解释他的系统。"几个月前，我们联系了你，但你不是我们唯一联系的人。实际上，我们联系了将近 8000 人。"

哈季沙看上去既好奇又有些担心。

"我们最初将 7776 人随机分成 6 组，每组人数相等，6 组各代表一匹马。"在第一场比赛中，每一组成员都得到了提示。哈季沙恰好在那场比赛的获胜组中。其他 5 个组则退出了。就这样，系统里只剩下 1296 人。

在第二场比赛中，来自获胜组的剩余人员再次被平均并随机地分成 6 组。同样，每组都得到了关于下一场比赛的提示。再一次，5个输掉的组退出。完全出于巧合，哈季沙又一次处于获胜组中。

这个过程持续进行，直到第五场比赛只剩下6人。他们每人被分配了一匹不同的马。

达伦向哈季沙解释这一过程时，她的脸上先是显露出困惑，然后是不相信的表情。他接着告诉她，上周的第五场比赛中，她并不是节目中唯一被拍摄的人。"直到上周，你们剩下的6个人都相信这个系统是万无一失的。"现在，哈季沙是系统中剩下的最后一个人。

第五场比赛，我们刚才提到，除了哈季沙下注的马之外，所有的马都跌倒了，但即使没有这种情况发生，也只会有一个赢家，一个连续赢五场的人。

"这只是一个数字游戏，"达伦说，"你恰好是那个连续五场都赢的人。"

哈季沙张大了嘴，她意识到那个所谓的系统其实并不能选出赛马冠军，而她刚把所有的积蓄，甚至更多的钱，都押在一匹随机的马上。达伦进一步解释，实际上并没有办法能预测哪匹马将在当天的比赛中获胜。

他问她："你现在心里在想什么？"

"该死，真是该死！"迪莎回答，"我满脑子想的就是这些。"

02 直觉五则

这个系统并不是一个真正的赌博系统,而是一个基于信念的系统。这是一个复杂的设置,为了让人们相信他们总能赢。哈季沙深信不疑,她投入了她输不起的钱,参与了一个无法预测结果的比赛。一个人确实有可能仅凭运气连赢五场马赛,尽管这种情况发生的概率很低,但还是可能的。如果这真的发生了,我们通常不会认为这纯属偶然,而会像哈季沙那样,坚信背后必有其他原因——这个系统一点也不随机,可能还牵涉某种神秘力量。

比赛即将开始,哈季沙说:"我感到恶心,我觉得要晕过去了。"

比赛从一开始就不顺利:哈季沙下了注的马,"情定迈阿密",在赛道的后部跑。它一直处于这个位置,最终垫底。"那就是4000英镑没了,"哈季沙说,"如果没有摄像机,我现在肯定已经哭出来了。我现在破产了,我爸爸会杀了我的。"

但这个故事有一个意想不到的转折。达伦,以他一贯的手法,没有将哈季沙的钱押在那匹马上,而是押在最后赢得比赛的那匹马上。"你刚刚赢了1万3000英镑。"他告诉她。

尽管概率微乎其微,哈季沙还是连续赢了6场比赛。当这种罕见的事件发生时,我们很难相信这只是偶然的。哈季沙相信了一个虚构的系统,以为这个系统总能挑选出赢家。

这凸显了我们的大脑在理解概率方面的又一次失败。

当我们考虑随机数时，我们很少会想到长串相同的数字，但这些在随机序列中会自然发生，并且在足够多的随机数出现时，这些情况会频繁出现。有趣的是，这是检测欺诈的一种方法：假数据通常不会含有长串重复的数字，这反而显得可疑。如此多的人每天都在赌马，像哈季沙遇到的低概率事件确实会发生。当总体事件数量巨大时，这种情况发生的频率更高。但我们的大脑处理概率的方式让我们很难接受这是随机的，因为这感觉不自然。

这对梦境预知等现象尤为重要。数据显示，我们平均每晚会做大约 5 个梦，一年会做大约 1825 个梦。如果我们只记得其中的 1/10，那是因为通常当我们认为自己没有做梦时，我们其实做了，只是梦很快就被遗忘了，这样一来，我们一年会回忆起 182.5 个梦。但带有强烈情绪的梦更有可能被记住，比如飞机坠毁。美国有大约 3 亿 3000 万人，每年被记得的梦大约有 600 亿个，澳大利亚的数据约为 50 亿个。

梦到飞机坠毁的人数相当多，因为这是一种常见的恐惧症。这意味着，虽然实际发生飞机坠毁的概率极低——每 10 万小时商业飞行中约有一次——但在任何一个夜晚，都会有许多人梦到飞机坠毁。因此，多人在飞机坠毁的前一夜梦见飞机坠毁的概率虽然很低，却完全有可能。

因为我们不理解这些概率，如果我们做了关于飞机坠毁的梦，并且随后真的发生了，我们很容易认为一定有超乎偶然的解释。大脑会寻找其他原因，我们可能会开始认为自己具有预知能力。这种现象被称为"过度关联妄想"：倾向于在无关或随机事物之间感知连接或意义的模式。相信有特殊事情要发生的冲动是很强的，这可能感觉像直觉，但其实不是。这只是简单的概率。

别忘了，SMILE 中的 L 意味着在涉及概率思维时避免凭感觉或下意识做决定。我使用"低概率"来解释这个缩写，但这条规则适用于所有概率思考。我们的大脑不像处理其他事物那样学习或处理概率，因此很容易被误导。在处理概率问题时，你最好使用电脑、手机或人工智能助手。

E
天时地利

仅在熟悉和可预测的环境中运用直觉

☞ 太空中的博尔特

顶尖运动员的表现总是行云流水，其中百米短跑运动员尤为优雅。尤塞恩·博尔特主宰 100 米或 200 米短跑的场面，令人印象深刻。他跑起来就像在滑行，显得毫不费力，令人难以置信。他的双臂像装在机器上的刀片般快速摆动，他很快就超过其他选手，并遥遥领先。博尔特虽于 2017 年退役，但他依然保持着这两个项目的世界纪录。[①] 他被很多人视为史上最伟大的运动员之一。

然而，有一段视频记录了博尔特起跑时的失误。他摇摇

---

① 截至 2025 年 6 月，这两项世界纪录仍由博尔特保持。——编者注

晃晃,双臂茫然无措地挥舞,并没有比两旁的业余跑者更有优势。他跳得过高,随后翻了个跟斗并撞到防护网上。史上最伟大的运动员怎会表现得比不上两名业余选手?

这实际上是玛姆香槟的一则宣传视频。要理解发生的事情,关键在于他所处的环境。博尔特其实是尝试在低重力环境中奔跑,即在飞机上。该飞机以抛物线方式飞行,经历从2G(地球重力的两倍)到零重力的不同重力级别。在视频中,博尔特与其他两人尝试在飞机内短跑,当飞机进入零重力时,他被抛向天花板。

作为世界最佳运动员之一,博尔特多年的赛跑生涯也无助于他在这种不同的环境中奔跑。他的每个肢体的重量都发生了变化,所以他动作过快,脚下的摩擦力减少。他推地力过强,弹跳起来就像在月球上行走,那种画面我们能在老旧的视频片段中看到。环境的改变完全颠覆了他多年的训练。

当我们处于类似的低重力环境中,我们平时不需考虑的很多动作都需要小心翼翼地重新学习。

这同直觉相似:当环境改变时,我们有很多东西需要重新学习,将环境中的事物与可能的结果重新联系起来。无论是身体运动还是决策,不同的环境可能会使以往的学习失效,从而使直觉失效。多年来大脑学到的特定环境中特定事物与特定细微线索之间的关系,突然就不再适用了。

02 直觉五则

环境或语境变了，一切都将被改变。非言语提示就是一个典型的例子：实际上，很少有事物能像它们那样拥有巨大的潜在影响力。想象一下你在纽约繁忙的街道上穿梭，随手对街头小贩竖起大拇指，因为他给你做的热狗味道正好。这个手势在大多数西方文化中都是友好且充满积极意图的，但在巴格达的街头却可能使你惹上麻烦。在那里，这不是一种赞扬的手势，表达的是一种明显的不敬，类似于西方的竖中指。它的含义完全转变了，而且并非对你有利。

现在想象自己在保加利亚的会议室里，在一项关键的商业交易中，你点头表示同意。让你感到意外的是，交易失败了。为什么？在保加利亚，点头实际上并不表示"是"，而恰恰相反，它意味着"否"。一个我们许多人本能且自动执行的头部动作，在不同的环境下产生了完全不同的结果。

OK 手势，即用拇指和食指形成一个圈，也是在不同环境中具有非常不同含义的手势之一。在法国，它意味着"一文不值"；在巴西、德国和其他一些国家，则被认为是极其无礼的手势。想象一下，在巴西一家酒吧里欣赏了精彩的桑巴表演后，你做了这个手势，你可能会发现演员要过来找你麻烦。这肯定不是你希望看到的加场表演。

因此，下次当你发现自己身处不熟悉的环境中，请记住：环境不仅是一个静默的观察者。它是一个积极的参与者，重新塑造、重新定义并重新构建直觉背后的学习。因此，请谨慎地对待你身处的环境。

我们许多人都有出色的直觉导航能力，无论是在城市还是在丛林中。例如，澳大利亚树木南侧通常生长着苔藓，因为太阳的轨迹使得树木的南侧处于阴凉处，这可以用于直觉导航。但如果将澳大利亚人转移到北半球的森林，他们的直觉罗盘可能会完全失灵。在那里，苔藓偏爱树木的北侧。

在两个半球之间过渡的自然环境中，还存在成百上千的细微差别。即使提前知道了这些差异，你的直觉也可能不会自动更新，最后还是导致你迷路。这些环境线索的变化是一种警醒，告诉我们直觉技能不是普遍常数，而是需要根据环境来调整。

☞ 水下的学习效率

1975年，在苏格兰的奥本市，这个以威士忌闻名的地方附近，两名潜水员正准备下水。他们参与了一个现在广为人知的水下学习实验。那天天气寒冷，暗沉的湖水上风大浪急，偶尔天空中的白光穿透稀薄的云层。潜水员坐在码头上，穿着潜水服和潜水装备——潜水气瓶、面罩以及一个奇特的耳机，夹在面罩和面罩带之间。这个耳机不是戴在耳朵上，而是安置在耳前，靠近脸部。它们是骨传导耳机，通过头骨而非空气将声音传递到耳内，使得穿戴者即便全身在水下也能清晰地听到声音。

潜水员腰间绑着沉重的配重带，一入水就迅速沉到底部。他们在沙底找到舒适的坐姿，取出带铅笔的小白板。水面上的研究人员通过耳机询问他们是否准备就绪。收到他们的肯定回应后，水中的第三名潜水员发出开始信号，预录的音频随即播放。

首先，他们被要求按特定节奏呼吸，以控制水下噪声。水下使用呼吸器呼吸非常吵，因此潜水员需要在呼吸间歇保持安静，以便听清楚将要测试的单词。一旦适应了规定的呼吸节奏，他们便听到三个毫无关联的词语，随后听到"呼吸"指令，便深吸一口气，接着又是三个新词，然后再次呼吸，如此循环。

随后，潜水员不论是再次在水下还是在附近的陆地上，都接受了单词记忆测试，以检验他们的记忆效果。实验还包括其他几组潜水员，他们首先在陆地上接受单词学习，然后在陆地或水下进行测试，总共18人参与。

研究发现了一些有趣的现象。那些在水下学习单词的人，相较于他们在水面上进行测试的情况，他们在回到水下时能记起更多单词。而那些在陆地上学习的人在陆地上测试时记得的单词更多，但在海底坐着时记得的单词则更少。换句话说，学习地点很重要。如果你在同一个地方学习和回忆，你会记得更多，哪怕是在像海底这样的奇特环境中。

这种现象被称为"背景依赖性记忆"。你学习某物的环境与你记忆中的该物相关联，以至于回到同一个地方可以帮助记忆复苏。例如，你可能也发现了，当坐在考场中时，总是难以回想起在家中学过的内容。考试前夜在家中临时抱佛脚，记忆中就不可避免地包含了你的卧室或办公室的环境。换个地方，要获取这些记忆就会稍微困难一些。

居家学习环境中的几乎每一样东西都可能很重要：你播放的音乐、气味、你的穿着以及房间的布局。这就是为什么考前准备建议常常包括在家复习时使用特定的精油或香水，考试时使自己散发相同的气味，这样可以使考试环境与你的家更接近，从而增强记忆。实际上，有充足的证据表明，边学习边嚼口香糖足以产生显著的背景依赖性记忆。但你必须确保在学习和考试期间都嚼口香糖，否则就都不要嚼。

这就是环境或情境对直觉重要的原因。在一个地点学习数百小时的内容，换一个地方，回忆和使用这些内容的效果会发生改变。改变情境会使得我们依据原有因素来预测结果的能力减弱，而这种预测能力是直觉的驱动力。即使这些预测因素仍有效,它们在不同情境中的信号也会减弱,进而影响你的直觉。

重要的一点是,学习环境包括你的身体和大脑的状态。研究显示,背景依赖性记忆还涉及所谓的"状态依赖性记忆"。你在学习某件事时的状态会改变大脑中信息的编码方式,当你处于同样的状态时,你会更容易回忆所学的内容。有一类笑话,比如醉酒之后丢了手机或钥匙,再喝醉一次就能记起来,这些笑话的背后是有一定科学依据的。在某种程度上,如果你再次醉酒,你确实可以更好地记住你在醉酒时学到的东西,但值得注意的是,这类学习的效应在某种程度上还取决于你学习的内容以及你醉酒的程度。

你的心情也会影响状态依赖性记忆。无论你是疲惫、咖啡因摄入过多、悲伤、疼痛还是处于其他任何状态,当你再次进入那种状态时,你对学到的信息的记忆检索和使用都会更好。飞行员需要在模拟冲突和危险的紧张场景下进行训练,而不是在更放松的条件下。这能确保状态依赖性记忆将被最大化。

以上现象的原因在于,直觉源自大脑所学习的无意识信息间的所有关联,这些关联是各种提示与其预测结果之间的桥梁。这也是为什么在熟悉的外部和内部环境中依赖直觉尤为重要。

☞ 在变幻的世界里运用直觉

很多环境是可预测的,因此你和你的直觉都能从中学到不少。然而,在那些不可预测的环境中,事物的发生带有随机性,你的大脑无法从中识别出任何模式,直觉自然也就失效了。尽管如此,大脑还是会本能地尝试。

赌场便是一个典型的不可预测环境。想象你靠在轮盘赌桌上,手搭在光滑的红木边缘。你刚通过押黑色赢了一些钱。随后,你把一半的赢钱再次押在黑色上。轮盘旋转,球跳动几下,黑色再次出现,你又赢了。何不再试一次呢?于是你再次押黑色,结果又赢了。这已经是连续三次赢在黑色上了。你在想是否应继续下去。你决定再押一次幸运的黑色,下注,黑色再次出现,你不敢相信自己的运气。

连续四次都是黑色,这种概率到底有多大?你感觉这一连串的胜利可能要结束了。接下来怎么办?内心的声音促使你再试一次。于是,你又押了一次黑色。你屏息凝视,小球在轮盘上跳跃——又是黑色。你不禁松了一口气。连续五次黑色,这种趋势不可能一直持续下去。于是,你和桌边的其他人改变策略,转而押红色。当结果显示还是黑色时,人群中爆发出惊叹声,你输了。

现在已经连续六次出现黑色了。接下来该怎么办?不可能一直是黑色的，这肯定违背了物理规律。于是，你和别人一样，再次押红色。不料，黑色又一次胜出。这就连续 7 次出现黑色了。围观人群的惊叹声越来越大，吸引了更多的观众，而红色筹码已堆积如山。8 次、9 次、10 次，黑色连续出现。人们有的笑、有的哭，无法相信眼前的景象。随着每一次黑色的出现，大家的信心更加坚定，认为下一次必然是红色。

然而，从第 11 次到第 15 次，黑色持续占据上风，没有出现一次红色。这似乎已经创造了世界纪录。人们议论纷纷，猜测赌桌是否出了故障。押注红色的筹码越来越多。16、17、18、19、20，简直难以置信。当黑色连续出现 20 次时，人们坚信红色即将到来，你也把所有筹码都押在了红色上。然而，结果依旧是黑色，你输得精光。

22、23、24，你已无筹码可押，但其他人还在坚持。红色筹码堆积如山，现在价值几百万美元了。25、26，观众的惊叹声变成了尖叫声，服务员却笑着耸耸肩，他的上司则面无表情地站立着。这种场景前所未见，上百万美元因为人们坚信红色即将出现而流入赌场。

终于，在第 27 次旋转后，小球跳停在了红色上。连续的黑色狂潮终于结束，但这已经让大部分人身无分文。

这个真实的事件发生于 1913 年 8 月 18 日，在蒙特卡洛赌场。当时，轮盘上的球竟连续26次落在黑色上，这是罕见的现象。赌徒因为错误地推理，认为黑色连胜即将结束而输掉了数百万。这种现象后来被称为"蒙特卡洛谬误"或"赌徒谬误"，人们认为每次新的旋转都与前几次有关，连续出现黑色意味着红色即将出现，以平衡概率。

这里的关键点是，对于不可预测的随机环境，我们不应该依赖任何可能类似直觉的感觉，因为我们的大脑无法从中学习到任何可以预测结果的规律。但问题是，即使我们知道环境不可预测，我们仍往往误以为它是可预测的。

这种错误的信念和迷信一样根深蒂固。我们总是忍不住试图在随机性中寻找规律。几轮观察下来，一种微小的预感在你内心不断强化，让你觉得接下来会赢，可能是因为你交叉了手指，放下了二郎腿，还默默祈祷。所有这些都是赌徒谬误，它们并非你的直觉在捕捉赌桌上的微妙趋势或与宇宙的蓝图相连。直觉无法在随机事件或不确定系统中发挥作用。就像我之前提到的，有一种认知偏见，在不存在的事物中看到模式，这被称为过度关联妄想，这是非常难以抑制的。

尤塞恩·博尔特能在地球引力下展现惊人的奔跑速度，他或许也能适应在月球的引力下跑步。然而，如果引力的强度每天都在变化，他就无法学习如何快速跑步，因为所需学习的也在不断变化。在不稳定和不可预测的环境中同样需要

02 直觉五则

谨慎使用直觉，因为这意味着环境在不断变化。

许多迹象表明，世界正在变得越来越不可预测，无论是积极的、令人兴奋的技术进步，还是极端的灾难——所谓的"黑天鹅"事件、大流行、战争和气候变化。很多人可能非常不适应，因为神经科学实验表明，人类和动物的大脑将不确定性视为恐惧源，有点像俯视悬崖或看到危险的蛇或蜘蛛。不确定性本身也是一种恐惧刺激，它在大脑中驱动恐惧，在一些人身上表现得比其他人更明显。如果我们的现代环境变得越来越不可预测，这对我们运用直觉意味着什么呢？

这里需要明确定义不同类型的不确定性，并考虑它们如何与直觉相关。让我们来谈谈商业动态吧。新技术正引发指数级的变革，从自动化人工智能和基于加密技术的交易到延长寿命和生物学的进步。随着这些新发展在现实中的应用呈现指数级增长，我们也正在见证它们带来的变化在图表上呈现出的曲线，就像曲棍球棒的末端一样急剧上升。而且，这些增长指数开始以几乎无法预测的方式相互作用。这是否意味着直觉会失效？

不，恰恰相反。在数据有限且需要迅速做出决策的情况下，直觉对商业而言从未如此重要。尽管现代环境更为不确定，但它并非随机。如果你从事一段时间新产品和服务的开发工作，你就会像史蒂夫·乔布斯一样看到新产品如何迅速取得成功或失败。你的大脑可能也已经学会了预测哪些特征能带来正面或负面的结果。直觉背后的无意识关联应该已经因你对行业的精通而逐渐形成。因此，随着世界变得不那么确定，没有理由认为直觉不会继续有效——世界没有变得随机，只是更难以预测。

相反，我们应对全球大流行病和大规模全球健康挑战或气候变化的经验不多，所以我们的大脑可能还没有学习到在这些领域推动直觉的基本关联。因此，对于不熟悉的不确定性来源，我们应避免依赖我们的直觉，至少在一开始不应依赖。随着我们经历更多的气候事件，我们可能会培养出更好的直觉，以应对风暴、洪水和热浪。但在那之前，我们需要分析科学数据，并根据这些数据做出理性、符合逻辑的预测。

☞ 直觉中的偏见

与学习环境相关的另一个方面涉及观看电视或电影以及阅读。虽然通过这种方式吸收内容并不能像亲身经历事件那样带来极佳的学习效果，但如果你花足够多的时间连续观看或阅读，你仍然能够学习，这种学习也会影响你的直觉。

回想一下过去几年你这样度过的时间。可能你看过全部

25部"007"系列电影,或者是所有漫威宇宙电影(甚至不止一次),还有《魔戒》?这些内容中是否存在微妙或显而易见的偏见,比如性别偏见或种族偏见?

即使你看的内容是虚构的,内容中的偏见也可能对你产生微妙的影响。消费大量带有偏见的内容,将影响构成你直觉的那些关联。

有人指出人工智能存在性别和政治偏见,这就是一个很好的例子。像我们一样,人工智能必须先学习知识才能利用它。它必须通过大量数据自行学习,这一过程被称为"无监督学习"。人工智能所学习的数据集里面的任何偏见都将被继承。例如,很多公司,包括招聘公司,已经训练了人工智能,为了更好地选择高绩效者,这样的训练通常包括性格测试、认知测试和其他各种测试。当人工智能被用于筛选申请者时,很明显,人工智能主要选择了男性。这是因为提供给人工智能的数据中,拥有高级职位的男性比女性多。生成型预训练变换模型的早期版本在训练过程中所用的数据集是从互联网上得到的,因此也继承了互联网上的偏见。

你的直觉也是如此。如果你用有偏见的数据训练你的直觉,无论是现实的还是虚构的,你的直觉都将继承这些偏见。我们隐藏的种族、性别或年龄偏见可能是直觉的潜在阴暗面。如果你的直觉是在一个男性和年长者占多数的劳动力群体中培养出来的，那么它复制这些偏见也就不足为奇了。

合成媒体的迅速兴起——数字生成或人为剪辑的多媒体内容，如图像、音频、视频或文本，包括那些由人工智能创造的——几乎必定会带来各种有意或无意的偏见。

因此，当涉及 SMILE 中的 E 时，你需要意识到你训练直觉的环境中可能存在的偏见。在有偏见的环境中训练将延续这种偏见，不会促使你做出最佳决策。你可能会雇用错误的人，或者错误评估某人的能力。

我们选择什么样的社交圈子也会影响我们的直觉。如果你经常与具有特定偏见的人在一起，你的直觉很可能会捕捉那种偏见，并使得你也变得同样有偏见。

03

直觉实操

☞ **日常练习**

　　每天，我都会多次依靠直觉做出决策。我并不为此感到尴尬，因为直觉并不是什么神秘的东西。实际上，作为科学家，我在工作中经常运用直觉，这对一些人来说似乎颇具讽刺意味。有一种普遍观点认为，科学是理性的、遵循规则的，因此在科学研究中不能运用直觉，但这种想法完全错误。如本书所示，直觉意味着利用无意识信息来优化决策和行动。如果这些信息确实有益，谁不想要掌握更多呢？这无疑是一种优势。

　　无论是阅读刚刚发表的科学论文还是批改学生的论文，我的直觉都在努力地工作。读论文时，我经常会感到一种隐约的不安：实验似乎有问题，各方面并不吻合。我会暂停阅读，记录这种感觉，然后继续阅读。我的直觉在我读的论文中寻找信号，这基于我多年阅读数百篇论文的经验，这些经验让我能预判科学研究的优劣、定义的准确性以及实验的问题。文中有众多线索，我在大脑中加以处理，而不是尝试理性分析它们或确定它们指向什么问题。我感受这些感觉，记录它们，然后继续阅读，并观察这些感觉是否应验。但在处理数学模型、统计或概率时，我不会运用直觉。

我同样在自己的科学研究中运用直觉。在心理学和神经科学领域，进行新实验的选择几乎无穷无尽。我如何决定在哪些方面投入做实验的时间和精力呢？答案是直觉。值得注意的是，运用直觉并不排除同时运用有意识的理性逻辑；这两者可以很好地协同工作。我还依靠直觉来选择合作伙伴，而且决定撰写这本书也是基于直觉。

然而，也有很多时候我会避免运用直觉。当不符合SMILE准则时，我会刻意避免并忽略直觉感受。当我情绪激动、压力大或感到焦虑时，我会将所有直觉感受放到一边，仔细权衡决策的利弊。这有时候非常困难，我想这就像飞行员所说的"仪表飞行"。当你情绪激动，感到焦虑，内心有声音在质疑："这真的是正确的决定吗？"恐惧与焦虑交织在一起，你只会感觉到："不要做，那样做是有问题的。"这时，我们必须回归科学。我们必须信任数据，而不是我们陷入主观情感或焦虑时的思维。那不是直觉。

在工作和个人生活中处理概率问题时，我也尽量不运用直觉。我必须承认,最难遵守的一条规则是关于环境的。我发现很难在不同和新奇的环境中不运用直觉。旅行时,我会注意不盲目依赖我的社交直觉、地理判断或对天气的感受。打破自动运用直觉的习惯可能很困难,这也正是 SMILE 五准则的重要性。

开始练习直觉时,至关重要的一点是,这不是贸然跳入深水区的时候。不要从那些重大的、可能改变生活的决策开始,尽管在这些情况下,通常很难避免直觉感受。你需要养成每天练习的习惯,帮助你训练直觉,并跟踪你的进展,这个过程可以慢慢来,而且要确保安全。

让我用一些日常决策的例子来说明如何应用 SMILE 的五条准则。

你走进一间令你感到舒适的书店。新鲜的纸张和墨水的香气萦绕四周,暗示着关于冒险和智慧的故事。今天,你的目标是买一本新书来读,但你并没有想好买哪本书或哪种类型。

穿过走廊时,你感觉情绪稳定。近来的生活和你的努力工作让你达到了一种平衡状态,既不过分兴奋也不陷入纠结。这时你想起了 SMILE 的第一条准则:自我觉察。确认这一点后,你继续往前走。

你阅读过的众多图书赋予你敏锐的洞察力,你能够从书名中看出不同书的特点。图书的封面以一种只有真正的书籍爱好者才能理解的语言与你交流。在这里，第二条准则——精通，变得明显：你的直觉在你积累了不少知识和经验的领域中发挥得最为出色。

现代区展示了与社交媒体平台合作的图书。每次购买都能保证你独家访问活跃的在线社区、参与讨论和实时评论。你一想到能成为一个活跃社区的会员、收到各种独家消息，以及可以向别人炫耀，就感到一阵兴奋，但 SMILE 的第三条准则在你脑海中回响：警惕那些为成瘾设计的领域，比如社交媒体。因此你选择继续逛逛。

当你继续漫步时，一幅宣传新会员计划的横幅吸引了你的注意。注册即有 30% 的机会在下次购买时享受 90% 的折扣，或 50% 的概率享受 25% 的优惠！（好吧，为了强调这一点，我有点夸大了对横幅的描述。）尽管这很诱人，但你记得第四条准则：直觉并不适用于基于概率的决策，所以你选择继续往里边走。

你想起常去的图书馆和阅读角落，加上书店的氛围，这些都让你感到舒适。翻页的声音、一些人低声谈论最喜欢的作家、熟悉的环境，让你感到如在家中一般。此刻，第五条准则显而易见：在你熟悉的环境中，你的直觉最可靠，而你对书店和图书馆非常熟悉。

03 直觉实操

遵循这些准则,你被一本封面看起来风格细腻、颇具魅力的书吸引。你与书的推荐语产生共鸣,某种感觉促使你购买它。拿着这本潜在的宝藏,你走向收银台,迫不及待想要翻开它。

这是另一个日常决策的例子。你要考虑去度假了吗?你发现自己渴望与自然重新连接。电子屏幕和浏览器标签向你展示了多种选择:宁静的湖边小屋、雄伟山脉间的小径、阳光灿烂的海滩。众多的选择可能会让人感到不知所措,但今天,你决定让直觉引导你。

在审视各种选项时,你会暂停一下,回想过去度假的宁静时刻。工作周的压力似乎已经远去,让你能够活在当下。你检查并评估自己的情绪状态,你感到平静,并且身心平衡。有了这种情绪基础,你信任自己的内在指南针。

多年的旅行经历,无论是短途公路旅行还是长途国际旅行,都让你变得经验丰富,拥有了旅行者的洞察力。你曾根据网站、旅行社和朋友的建议进行预订。在搜索、选择和预测你喜欢的旅行类型方面,你拥有丰富的专业知识。在这里,第二条准则——精通,再次显现:你在旅行预订方面积累了多年的经验。

然而,就在你准备最终确定计划时,一种担忧的感觉突然涌上心头:你真的休得起这次假期吗?你工作未来的不确定性、人工智能对行业可能的冲击，以及就业前景的变化使你充满了疑虑。但随后第三条准则浮现在你脑海中，稳定了你的情绪：并非所有内在的感觉都是直觉。那种恐惧反应，是经过千万年的进化压力形成的，即对不确定性的本能反应。它不是直觉，而是不再适应现代社会环境的一种反应。你将它视为一种不可靠的反应，置之不理。

就在你几乎要决定选择森林度假时，一个关于潜水假期的诱人广告吸引了你的注意。五彩缤纷的珊瑚礁和深海的神秘呼唤着你。但是，当你想象自己潜水时，一阵对鲨鱼的恐惧感突然袭来，电影和耸人听闻的新闻故事中的画面浮现在你脑海中。然后你想起了第四条准则，关于概率：我们常常误解概率，决策应基于实际的概率，而不是想象中的恐惧场景。想到这些，你轻轻摇头提醒自己，鲨鱼袭击实际上极为罕见，这能帮助你抛开那种忧虑感。

你在预订和旅行方面拥有丰富的经验，这些经验大多是在工作中获得的。因此，你提醒自己要注意直觉决策的最后一条准则，关于环境或背景。这是你正在计划的个人假期，你意识到你为工作旅行培养的直觉可能不适用于私人假期。因此，你理性地按照逻辑审视每个选项，做出决策时也较少依赖直觉。

在我的网站（www.profjoelpearson.com）上，你可以找到

下面显示的图片的电子版本（图2）。我建议你把它打印出来并放在你经常能看到的地方，如冰箱门或电脑上方，或者在手机上保存一个电子版本。

使用这张图时，从左侧开始，深呼吸三次，然后沿着曲线形的SMILE路径向右进行。

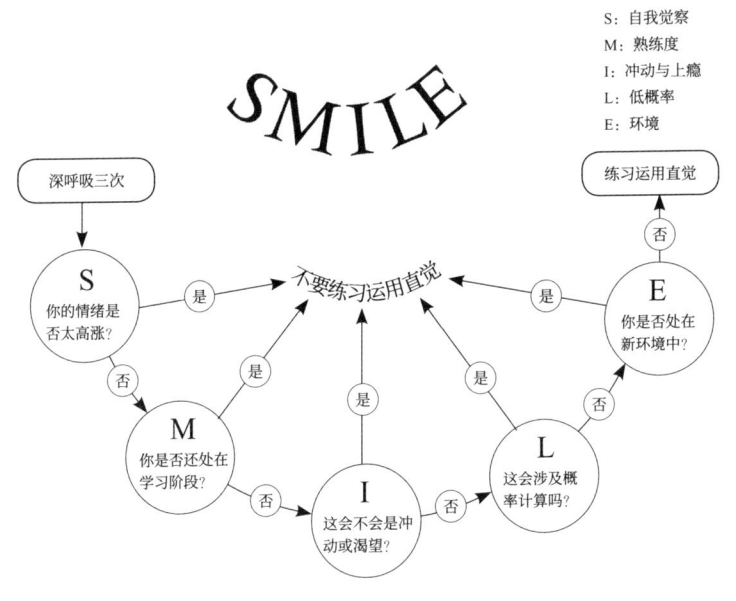

S：自我觉察
M：熟练度
I：冲动与上瘾
L：低概率
E：环境

图2　SMILE 五准则

把这看作一份检查清单：如果你在任意一步得到了肯定答案，就暂停直觉练习，待情况有变时再回头继续。

使用这个方法需要你将图放在触手可及的地方，每次运用直觉之前都遵循SMILE的每一步进行检查，起码在开始阶段是这样。过一段时间,你会发现这份清单已经深植于你的记忆中,你就不再那么需要这张图了。你可以在心里过一遍每一个字母的含义。时间长了,你甚至不需要再逐个检查每一个字母代表的状态,这个过程会变得自动化。你将能够感知到你的选择是否符合 SMILE 准则。

这个过程就像去健身房锻炼。最初,需要有人教你如何使用健身器材和增加重量,指导你做多少组数和次数,以及何时进行。最初几周,你可能会根据打印出来的指导或应用程序,每做一组就打个钩。随着时间推移,你将不再需要这些辅助工具,因为你已经记住了自己的训练常规:要举的重量、完成的次数以及如何把动作做标准。这种逐渐熟练的过程也同样适用于掌握 SMILE 五准则以及安全运用直觉。

为了优化你的直觉训练,我建议你记录运用直觉的情况,包括用途、感受以及结果。人们常误认为人类的记忆就像记录日常生活的视频,然而记忆并不是这么运作的。我们的记忆在很多方面都有偏差。总的来说,大脑会根据存储的信息碎片来重建发生过的事情。我们往往只记得情绪的高潮点,而且对事情的开始和结束带有个人偏见。我们越是重复回想,记忆就变得越不可靠。通过在想象中重新体验记忆,我们实际上在不知不觉中逐渐改变了它们。

这意味着,如果你想准确记录你的直觉是如何运作的,

03 直觉实操

你需要通过记笔记来记录它，不要仅依赖你的记忆。老话"测量能带来改进"在这里也适用。

我建议在直觉日记或应用程序中记录你的直觉。下面有一个简单的表格示例，你可以用它来记录直觉过程中的一些重要环节。表格展示了八个不同阶段，并以咖啡厅为例进行说明（见表1）。

表1 如何记录直觉

决策	感觉位置	感受强度 1~10	选择	结果	结果强度 1~10	成功	背景
咖啡厅A或咖啡厅B	肚子胸口	6	咖啡厅B	享受 快乐 惊讶	8	是	选择咖啡厅B，感到自在、内心平静

- **决策**：记录你需要在哪些选项间做出选择。在示例中，是在去咖啡厅A和去咖啡厅B之间做选择。可能是两个选项，也可能有更多选项。把你知道的或想到的选项记下来。

- **感觉位置**：记录你身体的哪些部位发出了直觉信号。在示例中，那种感觉来自肚子和胸口，但也可能来自手部或脑后某处。感觉的位置可以不止一个，可以来自身体的多个不同位置。如果你无法确定具体位置，也要记录下来——位置模糊不清或感觉并无具体身体定位。

直觉5问：关于情绪、本能、冲动、成瘾的新科学

- **感受强度**：给你的感受打分，范围为1~10分。1分表示你仅仅察觉到，非常微弱；10分则为极强烈的感觉，如乔恩在珠峰所感受到的腹部的强烈下沉感。或许你会感到恶心，或者出现一种类似发痒的不适感，或者有一种强烈的感觉告诉你事情不对劲。

- **选择**：记录你做出的选择。示例选择了咖啡厅B。这里无须过多描述，仅需记录你最终做出的选择或行动。

- **结果**：记录你对所做选择的感受。你对这个选择满意吗？结果是好还是坏？结果有没有出乎你的意料？把这一栏的记录看作推动你继续进行直觉练习的感觉。别忘了，通过判断你是否越来越少感到惊讶，可以衡量你是否越来越精通。因此这一栏很重要，记录了你对结果是否感到惊讶。

- **结果强度**：记录你对结果感受的强度。你对自己的选择有多高兴或有多不高兴？你有多惊讶？这一栏的数字评分应参考前一栏记录的结果。如果你在结果栏中记录了满意度和惊讶感，应在此分别对这两者进行评分。

- **成功**：对直觉的总体表现进行分类评估。你的直觉是否引导你走上了正确的方向？换句话说，它是否成功了？随着时间的推移，这一列里"是"的答案应该会逐渐增加。

03　直觉实操

- **背景**：记录你运用直觉的具体环境，因为直觉背后的学习与特定的物理环境以及你身体的内部环境相关。也可以在这一栏记录你当时是否处于某些特定或不寻常的状态。例如，你是否摄入过多咖啡因，或是否喝了几杯酒等。

开始训练直觉的时候，需要非常注意反馈循环。在探讨SMILE的第二准则——精通时，我们了解到时机对培养直觉是非常关键的。这对你的日常练习同样适用。如果你选择的是需要很长时间才能得到反馈的决策，比如购房或长期投资，你将同样需要很长时间才能知道你的决定是否正确。这会使得记录你的决策成败变得困难。最开始的时候，最好选择那些具有紧密反馈循环的决策，也就是那些能立即得到反馈的决策。这样一来，你在一定时间内就可以做出更多决策，整个过程就可以进行更多次迭代，你也就有了更多练习的机会。在你已精通的运动中练习直觉是一个极好的选择，虽然你可能没有时间在比赛中记录每一次对直觉的运用，但你会有很多机会练习。

我喜欢在灌木小径上跑步，当SMILE五准则都符合的时候，我会练习我的直觉。我专注于对不同落脚位置的直觉感受，然后尝试注意我的直觉如何预测稳固的落脚点，或可能导致滑倒和膝盖受伤的情况。然而，当我情绪化或者在不熟悉的环境中跑步时，这些基于直觉的落脚点更可能出错。与无意识信息相关联的感觉和实际的、积极的直觉结果之间建立起越来越多的联系，这是练习的目的，我们应该培养这些联系并加强它们。

☞ 最佳时机

这本书旨在解释直觉的本质以及安全运用直觉的时机。虽然在某些日常情景中运用直觉比其他情景更适合，但这里并没有绝对的规则或严格的标准，只是存在一些普遍趋势，表明在某些场合直觉可能更加有用。

只要符合 SMILE 五准则，那么在时间和信息受限的情况下，运用直觉就成了最理想的选择，这主要是因为你没有足够的时间或数据进行有意识的策略性分析。例如，在你匆忙应对或者在比赛中接球时，你根本无暇理性地思考所有可能的选项。这时，你需要迅速做出反应并依赖直觉，判断下一步应该怎么走或者把球传给谁。

也就是说，时间压力是一个重要的考虑因素。每当你需要迅速做出决定时，直觉通常会优于有意识的逻辑策略。而

03　直觉实操

在你有充足的时间去仔细分析数据、列出利弊，并深思熟虑时，你就不那么需要依赖直觉。

决策的另一个影响因素是你所掌握的信息的数量或类型。当信息有限或含糊不清时，启用直觉是合理的选择。有趣的是，我的实验室使用情绪植入实验，正如我在"测量直觉"那部分提到的，收集的直觉数据显示，当有意识的信息不清晰时，直觉能在提高决策精确性方面发挥更大作用。

这引出了一个有趣的点，关于我们在充满不确定性的现代环境中如何做决策。许多商界人士都提到了在信息匮乏的情况下需要迅速做出决策。至少从理论上讲，这表明现代可能比以往任何时候都更适合运用直觉进行决策。换句话说，由于现代商业的灵活性质，我们的工作环境变得越来越依赖直觉。

艺术性和创造性决策也更适合运用直觉。想象你在艺术画廊中，站在一幅色彩斑斓、情感丰富且富有表现力的画布前。你需要对这件艺术作品的质量进行评判，这是一个艺术性或创造性的决策。这种评判是全面的，无法简单分解为一系列小决策。没有一种有效的方法能够准确计量一件艺术品的颜色、笔触、视角或对先前作品的引用。你需要凭感觉评判，一次性全面把握，并对作品做出整体判断。这种决策无法分解，因而也是依赖直觉的一个良机。

同样地，设想你处在一个快节奏的环境中，比如企业的董事会。在这里，你面对的是复杂的、多维度的、相互依存的问题解决情境，各种问题交织在一起，变量众多。这些决策同样不能被简单分解，你无法像编写软件程序或组装家具那样，按部就班地执行。在董事会中，你正在实时进行多维度的策略游戏。此时，直觉往往是你最好的选择，它能在信息模糊的混乱中提供潜在的清晰度，帮助你在复杂的信息海洋中找到航向。当然，不言而喻，必须确保遵守每项 SMILE 准则。

最后，设想一下危机情境——一所房子着火、一家公司濒临破产，或是一场紧张的政治对峙。这些都是突发情况，其中，时间和数据是你无法拥有的奢侈品，这点与体育比赛类似。在这类场景中，没有时间进行可分解的任务，如制定项目时间表或编制预算。这些情况同样非常适合依靠直觉。

总的来说，一旦你培养了直觉，它通常对于复杂的、全面的决策更加有用，这些决策不容易被分解成更小的子任务。当存在歧义、不确定性或信息不完整的情况下，以及在逻辑或分析思维可能无法提供明确解决方案的情况下，直觉尤其重要。当这些情况还伴随时间限制时，直觉的作用就更加凸显出来了。

那么，是否应该在诸如结婚、购房或离婚等改变生活的重大决策上依赖直觉呢？很多人都说，面对这些影响深远的事情，哪怕拥有大量具有逻辑性的有意识信息，他们仍然依赖直觉感受。

对于可逆决策，一个有趣的方法是首先做出一个非约束性的决策，然后感受一下你自己的反应。换句话说，你颠倒了直觉决策的常规顺序。你现在是否感觉肚子里有种沉重感，感觉有些不对劲？如果决策是不可逆的，你可以尝试想象或表现得如同你已经做出了决策，看看这是否会引发直觉反应。

这里有几点需要再次强调。首先，确保你的状态符合所有 SMILE 准则。其次，如果你对运用直觉不够熟悉或不确定你的直觉，不要从大的、能够改变生活的决策开始。从小事做起，比如选择喝茶还是咖啡，选这家咖啡厅还是那家，然后逐步运用直觉处理更重大的事务。人们经常在做重大决策时注意到肚子里有奇怪的感觉。这并不意味着他们完全依赖直觉做决策，但当风险很高时，那种感觉可能非常强烈，难以忽视。

重要的是，我们必须特别注意 SMILE 中的 S——自我觉察，确保我们在做重大决策时不处于情绪化、压力大或焦虑的状态。对于风险高的重大决策，由于高风险，焦虑可能会悄悄侵入。如果你的情绪被激发，那么请先停下来，尝试平复情绪，这将帮助你重新与你的直觉连接。

或许，在做重大决策时，一个好的经验法则是尝试将直觉和理性逻辑分析数据结合。比较这两种方法得出的结果，并注意它们的一致性或差异。它们是否相互对立？你对逻辑、有意识的结论有没有直觉上的反应？这种感觉如何？它是否有可能促使你重新评估逻辑？

☞ 直觉与天才

有些人似乎天生具备卓越的直觉能力，就像那些能即兴演奏的音乐家，或是能轻松完成半场投篮的运动员一样。这些人似乎能够凭借直觉自如地应对生活中的挑战，而其他人则可能并不这么顺畅。在我的实验室进行的直觉实验中，我们发现一些人能够借助无意识中的情绪图像来改善他们有意识的决策过程，而另一些人则未能从这些无意识信息中获益。

为什么会这样呢？为什么有些人能够轻松运用直觉，而其他人却难以做到？可惜的是，这仍是一个未解之谜。这可能与我们对内在身体感受（即内感受）的敏感程度有关，有些人对此异常敏感。或许这也和个体的学习速度有关，有些人可能就是学得更快。这也可能与我们对情绪线索的敏感度或感知处理能力有关。

然而，即便你目前没有运用直觉，或认为自己无法运用直觉，也并不意味着你无法学会使用它。我们从情绪植入实验中获得的数据显示，像其他技能一样，直觉可以通过练习来培养并改进——直觉也可以熟能生巧。

把不同的直觉能力都算在内，什么样的人有较好的直觉呢？人们常常提到母亲的直觉和女性的直觉，很多人想知道这是否有相关的证据支持。研究显示，相比男性，女性在决策中更频繁地运用直觉，而男性则更多使用理性策略。然而，我们并没有足够的用客观测量技术（比如我们实验室的直觉任务）获得的数据。

此外，研究数据显示，女性在所谓的"迷信思维"（比如相信鬼魂等现象）方面的倾向性更强。一些研究论文既讨论了这种倾向，还涉及了情绪强度差异的科研记录。这些研究发现，通常女性的情绪体验比男性的更为强烈。社会化差异也被认为是引起情绪体验差异的可能原因之一。男性通常被教育要更理性，不依赖情感做决策。一个有趣的现象是，相较于女性，男性在体育和赌博中表现出更多的迷信行为。

也有一些证据显示，东亚文化更倾向于重视直觉推理，而不是分析性、理性的决策，但这还需要进一步的研究。

总的来说，尽管人们直觉能力的天赋不同，任何人都没有理由不开始培养直觉。这不是一个死胡同，而是一个机会，一个磨炼这项技能的机会，让自己变得更加善于倾听直觉的声音。最棒的一点是，你在这条路上并不孤单。任何人都可以发掘直觉的潜力，而且通过练习，你的直觉会变得更加敏锐。

☞ 直觉与人工智能

人工智能指的是计算机系统执行任务的能力，包括看似智能地做出决策的能力。与传统计算机程序严格遵循预设规则不同，人工智能通过学习已有数据，并根据这些数据做出决策或采取行动。人工智能也可以是生成式的，能创作艺术、撰写文本、进行构想、做出决策等。

据我们所知，目前使用的人工智能没有意识，因此我们认为它们是在无意识中行动和做决策的。然而，由于目前还没有科学的方式来测试意识，我们实际上无法检验人工智能是否具有意识。

当人工智能从既有数据集中学习到信息后，它是如何"知道"应当做什么和不应当做什么的呢？它是通过将学到的信息与好或坏的结果相关联来"知道"的。换句话说，这

03 直觉实操

是一种预测好坏结果的无意识学习过程。这听起来很熟悉，对吧？

人工智能和直觉都涉及无意识学习及其在辅助决策或直接决策中的作用。正如我们在讨论 SMILE 的第五条准则时提到的，它们都从训练数据中继承了偏见。如果你接受了有偏见或不真实的数据，你的直觉也会学习并变得有偏见或不准确。同样，如果人工智能用有偏见的数据集进行训练，它也会变得有偏见。此外，当人工智能脱离其设计环境时，它很容易出现偏差、失准或根本无法正常运行。这同样适用于人工智能训练所用的数据集的背景。例如，用于文本写作的人工智能与用于辅助驾驶的人工智能。换句话说，人工智能具有特定的情境依赖性，就像你的直觉一样。人工智能在直觉方面的一个可能用途是跟踪并学习我们的决策："乔尔，你确定还要再喝一杯咖啡吗？上次你一天喝三杯后就后悔了。"或者："乔尔，我注意到当你遇见那个人时你的生理反应有所增强，是因为那人说了什么吗？"在一天中，还有许多其他时刻，人工智能助手可以指出我们人类决策中的偏见。正如之前提到的，人工智能很可能会带有自身的偏见，但这并不意味着我们不能利用它来发现和指出我们自己的偏见。从某种很现实的意义上讲，这类似于把生物直觉，或至少一部分这样的直觉，外包给人工直觉。

人工智能还有另一个有趣的应用领域：辅助有成瘾行为的人。正如我们所见，有成瘾倾向的人通常会做出更多冲动的、短期导向的决策。在这种情况下，人工智能助手可能会很有帮助。当它注意到某人做出以短期为导向的冲动选择时，人工智能可以指出这一点，强调更长远的决策的价值。

一个重要的问题是，如果我们持续将直觉外包给人工智能，我们的生物直觉会发生什么变化？会不会逐渐衰退和萎缩？因为关于直觉和学习的数据确实表明，维持直觉需要不断地使用它，没有练习，生物直觉会逐渐弱化。

这个过程被称为"能力衰退"。这可能与记忆电话号码类似。例如，我已经不再去背电话号码，甚至不会想到电话号码，我的手机直接帮我联系其他人，电话号码只在背后起作用。

将我们的思考和学习外包给人工智能有其优点和缺点。如果这类人工智能的开发过程能够采纳心理学家和神经科学家的建议，那么在逻辑上我们似乎也能够创造出一种基于人类的技术，这种技术在帮助我们的同时不会对我们造成伤害，也不会导致人类直觉的衰退，但这是一个很大的前提。这些系统不仅可以用来帮助我们做出决策，还可以帮助我们学习如何做出更好的决策。

☞ 展望

在这本书中，我设定了一个颇为宏大的目标：提出一种关于直觉的新理论，以及一套基于科学方法的实操工具包，两者紧密结合，旨在优化我们的决策过程。我希望通过这本书，帮助你安全可靠地复制杰森、乔恩、汤姆和贾丝明这些人的成功经验。你无须成为飞行员或攀岩者，也可以通过培养直觉来获益。对我们大多数人来说，真正的价值体现在无数微小的日常决策中，这些决策的价值将随着越来越好的效果而日益显现。

正如我们所观察到的，直觉的科学还处于初级阶段。我在本书中提出的定义是一个开放的实验性定义，它将随着新发现而不断适应和调整，因而是一个灵活的框架。

我优化这一定义，是为了尽可能对现实有帮助。我希望它能成为推动科学讨论的催化剂，并超越对直觉本质的疑虑与分歧。仔细分析后，我们可以发现，直觉并不是单调的，它多彩的层次在我们深入探索时会逐渐展现，使我们能意识到它在什么时候能帮到我们，什么时候又可能误导我们——别忘了 SMILE 五准则。

这本书的某些部分可能会引起争议，这对我来说是可以接受的。我的目的是激活关于直觉的讨论，激发更深层次的思考，鼓励更多的探索，促进更广泛的应用，从而提升我们的认知。这将直接促进我们所有人做出更好的决策和行动。

我能够预见，将来直觉会主导决策，这不仅适用于高层领导和体育专业人士，也包括政策制定者和新手父母。通过构建一个明确的、基于科学的直觉理论，我们为直觉铺平了道路，使得它作为决策工具能够被广泛接受。直觉不是神秘的存在，而是一种技能，一种我们已经能够用科学来解释的技能。这是一种我们可以培养和完善的实践能力，所以大家都可以发表意见和看法。如果你尚未开始，我邀请你从现在开始踏上你的直觉之旅。还在等什么？

致　谢

　　首先，我要深深感谢那些慷慨分享个人经历的人，尤其是杰森和乔恩·缪尔。他们的故事为本书增添了丰富的内容和深度。

　　我非常感激本书中提及和未提及的众多研究者、作者和科学家。他们关于人类心智和大脑的开创性发现与理论极大地丰富了我的理解，并贯穿于本书提供的建议之中。我要感谢亚当·奥尔特对本书的全面支持，以及埃德·卡特姆详尽的反馈和支持。

　　特别感谢西蒙与舒斯特澳大利亚出版团队的奉献。我也感谢丹·鲁菲诺和本·鲍尔的坚定支持。我特别感激梅雷迪斯·罗斯的精辟建议、认真严格的编辑，以及他分享的宝贵的写作经验。感谢加比·奥伯曼和安娜·奥格雷迪在公关方面的重要工作。安德鲁·科奇很早就支持本书的出版，并帮忙进行了相关宣传拓展活动,为我宣传本书中与读者最相关的知识,并使我学会在书中更加关注对读者有益的内容,他值得我由衷地感谢。朱莉·吉布斯认可我的理论的价值,并相信直觉作为决策工具的力量和意义,这极大地激励了我。我也感谢她帮助我联系上了丹。感谢埃玛·诺里斯校对本书。

我对我的代理人拉什·克劳福德的感激之情难以言表。从我们最初的沟通开始,她就非常专业地引导我穿越出版和出版商的复杂世界。她对图书提案和总体策略的洞察至关重要,至今仍使我获益良多。

我向新南威尔士大学我的整个研究实验室的所有现任和过去的成员,即整个大学表示诚挚的感谢。加朗·卢菲提安托博士在实验室攻读博士期间,极大地促进了我们对直觉的理解和测量。我的学术旅程也受益于科林·克利福德、伦道夫·布莱克、弗兰克·唐和杜杰·塔丁等教授的指导。感谢澳大利亚研究理事会和澳大利亚国立健康与医学研究理事会多年来提供的慷慨资助,使我能够专注于研究和思考。感谢加万·麦克纳利定期就世界状况、研究和学术界与我进行交流。感谢我的一小群校友,你们知道自己是谁,感谢你们让我保持平衡和理智。感谢沃尔特·艾萨克森及其作品《乔布斯传》,书中详细记录了乔布斯及其对直觉的运用和误用。

多年来,许多记者关注了我的理论,就我的研究发现和

致　谢

我的理论如何应用到实际中提出了发人深省的问题，为我提供了新的视角。他们的宝贵意见也促成了本书的写作。

家庭始终是所有努力的基石。我母亲坚定的支持一直是我前行的指路明灯。我的孩子虽然不知情，但还是大度地原谅了我偶尔的心不在焉，当我最需要灵感时也给予我帮助。我妻子——我最大的批评者和支持者——将这本书中过于深奥和学术的部分润色为更容易理解且引人入胜的内容，她这方面的能力为本书做出了无法衡量的贡献。如果你觉得这本书生动有趣，很吸引你，这很大一部分归功于她，谢谢。

作者简介

©乔舒亚·莫里斯（Joshua Morris）

[澳]乔尔·皮尔逊（Joel Pearson），心理学家、神经科学家，目前是新南威尔士大学未来思维实验室的主管，同时也是该校心理学系创新与企业部门负责人。他最初在新南威尔士大学艺术学院学习艺术和电影制作，之后转而研究人类意识，他的开创性研究改变了我们对直觉和人类想象力的理解。

译者简介

萧楚天，英国杜伦大学文学博士，浙江传媒学院教师。参与国家社会科学基金中华学术外译项目《村庄的再造》，负责中译英核心翻译工作。主要译著包括《人间正道》《中希交流》等，同时也在进行英语诗歌汉译实践。翻译之余，进行文学创作，入选浙江省"新荷计划"人才库，曾出版诗集《青鸟》。